本书出版得到国家社会科学基金一般项目"农业土地经营制度创新评估与改革取向研究"（结项证书号：20191945）的资助。

经济管理学术文库·经济类

农业经营制度变迁中的小农户问题研究

Research on Smallholder Farmers in the Change of
Agricultural Management System

王士海／著

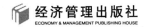

经济管理出版社
ECONOMY & MANAGEMENT PUBLISHING HOUSE

图书在版编目（CIP）数据

农业经营制度变迁中的小农户问题研究/王士海著 . —北京：经济管理出版社，2022. 6
ISBN 978-7-5096-8493-1

Ⅰ.①农… Ⅱ.①王… Ⅲ.①农业经济—经济体制改革—农户—经营管理—研究—中国 Ⅳ.①F320. 2

中国版本图书馆 CIP 数据核字（2022）第 099572 号

组稿编辑：曹　靖
责任编辑：郭　飞
责任印制：黄章平
责任校对：董杉珊

出版发行：经济管理出版社
　　　　　（北京市海淀区北蜂窝 8 号中雅大厦 A 座 11 层　100038）
网　　址：www. E-mp. com. cn
电　　话：（010）51915602
印　　刷：唐山玺诚印务有限公司
经　　销：新华书店
开　　本：720mm×1000mm/16
印　　张：13
字　　数：225 千字
版　　次：2022 年 7 月第 1 版　2022 年 7 月第 1 次印刷
书　　号：ISBN 978-7-5096-8493-1
定　　价：88. 00 元

序

　　士海教授的新著《农业经营制度变迁中的小农户问题研究》即将付梓，托我作序。士海是我山东农业大学的校友，我最近受聘为安徽农业大学经济管理学院学术院长，虽属兼职，但这样一来和士海也算同事了，对此邀请却之不恭，好在我对这个问题还算熟悉。

　　农村基本经营制度是农村改革和发展的核心问题。习近平总书记在 2013 年中央农村工作会议讲话中说到，农村基本经营制度是党的农村政策的基石。坚持党的农村政策，首要就是坚持农村基本经营制度。坚持农村基本经营制度，不是一句空口号，而是有实实在在的政策要求。具体来讲，有三个方面要求：第一，坚持农村土地农民集体所有；第二，坚持家庭经营基础性地位；第三，坚持稳定土地承包关系。这段话概况得很全面。40 多年农村改革的过程，实质上就是不断探索稳定和完善农村基本经营制度的过程。从上面的三个要求来看，坚持农村土地集体所有，农民、干部、学者等各界都不会有意见。我和刘同山教授有一篇文章专门讨论过为什么没有改掉农村集体所有制：农民的要求很低，给我一块地，让我能够吃饱饭就可以了，至于什么所有制，和我有什么关系？与所有制相关的生产关系问题，是干部、学者所在意的。40 多年的经验表明，什么时候真正坚持了这三个要求，农业农村发展就会一帆风顺；反之则相反。道理很简单，农村基本经营制度的核心问题是土地关系。

　　实行家庭承包经营以后，政策上也强调农民对于承包土地的自主经营。例如，1985 年中央一号文件明确要求，任何单位都不得再向农民下达指令性生产计划；2002 年 8 月，第九届全国人民代表大会常务委员会第二十九次会议通过的

《农村土地承包法》第十六条第一款明确规定，农民依法享有承包地使用、收益和土地承包经营权流转的权利，有权自主组织生产经营和处置产品。这些都强调农民对于承包土地的自主经营权利。但这种"自主性"真的被保护了吗？

自从第一届全国人民代表大会常务委员会于 1958 年 1 月 9 日第九十一次会议通过《中华人民共和国户口登记条例》后，中国人口就被人为地分为城镇和农村两类户籍，有学者归纳了两者之间的 13 个差别，都是城镇有而农村没有的，延续了几十年之后，逐渐固化而成为身份的差异。由出生地而决定的身份地位是这个制度的衍生品。直到现在，将此奉为圭臬的高学历者大有人在，每到春节期间流行的"返乡体"文章就是证明。改革开放的过程就是城乡关系不断改善、农民地位不断提升的过程，当然，的确需要相当长的时间才有可能完全消除人与人之间身份的差异。张英洪先生强调给予农民应有的权利，我想也是这个意思。我想说明的是，在土海教授讨论的主题中，如果没有关于经营的自主性的内容，那么这个讨论也会是不全面的。

构建中国的农业基本经营制度，如何处理小农户问题是核心。土海教授的著作用的是"去小农化"这个词。毫不讳言，现在各个环节，对于小农户都比较排斥的，认为是落后生产力的代表，应该在发展中逐步消灭（当然不是肉体上的）。为此，中国共产党十五届三中全会明确表示要在家庭承包经营基础上积极探索农业现代化具体途径，言外之意，这个问题不要再争论了，中国的农业现代化必须在小农户的基础上推进，这是基本国情、农情，不可能绕开，喜欢厌恶都没有用。当然，如何在小农户的基础上推进农业现代化，还有一个道路选择问题。早在 1983 年的中央一号文件就明确指出，以分户经营为主的社队要随着生产发展的需要，按照互利的原则，办好社员要求统一办的事情，如机耕、水利、植保、防疫、制种、配种等，都应统筹安排，统一管理，分别承包，建立制度，为农户服务。当前，各项生产的产前产后的社会化服务，诸如供销、加工、贮藏、运输、技术、信息、信贷等各方面的服务，已逐渐成为广大农业生产者的迫切需要。1984 年中央一号文件要求，要加强社会服务、促进农村商品生产的发展，必须动员和组织各方面的力量，逐步建立起比较完备的商品生产服务体系，满足农民对技术、资金、供销、储藏、加工、运输和市场信息、经营辅导等方面的要求。这说明当时主管农业的领导人非常熟悉小农户的需求。1991 年 10 月，

《国务院关于加强农业社会化服务体系建设的通知》发布，提出为农民提供产前、产中和产后的全过程综合配套服务。当然，那时候为农民服务的主体主要是农业部门下属的技术推广中心以及乡镇的"七站八所"。当时的土地流转状况是什么样的呢？到了1998年，全国土地流转面积占家庭承包经营面积的比例约为1%。尽管如此，2002年8月《农村土地承包法》发布，2005年1月《农村土地承包经营权流转管理办法》发布，此后，各地农业工作的重点都放在推动土地流转上来了。尤其是2007年《物权法》实施，2008年中国共产党十七届三中全会提出赋予农民更加充分而有保障的土地承包经营权，现有土地承包关系要保持稳定并长久不变。各地加大推动土地流转的力度，根据当时的调研情况，很多地方对于转出土地、转入土地的主体都有补贴，多的可达每亩500元以上，这就极大地推动了土地流转比例的上升。2007年，土地流转比例仅为5.2%，到2012年达21.5%。从每年提高的净比例来看，2007年比上年提高0.7%，2013年达到最高点4.5%，此后开始下降，2016年为1.8%，低于2008年的3.7%。这说明主要依靠政府推动的土地流转不可长久。而且，主要依靠政府补贴推动的土地流转造成的最大负面效应是土地成本的急剧上升。2003年，三种粮食（稻谷、小麦、玉米）平均每亩土地成本仅为52.73元，2020年上升到238.82元，平均每年增长10.95元；而增长最快的恰好是土地流转速度最快的2008～2014年，平均每年增长约17.40元。我国农产品在国际市场上失去竞争优势，恰恰也是这段时间。可见，人为推动土地流转存在相应问题，新大陆国家土地经营规模化的道路在我国肯定走不通。

因此，中国共产党第十九次全国代表大会明确提出实现小农户与现代农业发展有机衔接，这是一个重大的政策趋向判断，说明国家在对待小农户的政策上发生了重大转变，从"去小农化"到对小农户的包容、提升，这是对我国国情、农情的正确认识。2019年2月21日，中共中央办公厅、国务院办公厅印发了《关于促进小农户和现代农业发展有机衔接的意见》，提出提升小农户发展能力、提高小农户组织化程度、拓展小农户增收空间、健全面向小农户的社会化服务体系、完善小农户扶持政策五大方面政策，每年的中央一号文件也都有相应部署。例如，2022年中央一号文件提出，聚焦关键薄弱环节和小农户，加快发展农业社会化服务，支持农业服务公司、农民合作社、农村集体经济组织、基层供销合作社等各类主体大力发展单环节、多环节、全程生产托管服务，开展订单农业、加工物流、产品营销等，提高种粮综合效益。这就非常符合小农户的需求，有利于解决粮食安全问题和基本实现农业现代化。

　　总的来看，我对待小农户的学术观点和士海教授是一致的。最后要强调的是，士海教授在本书最后一章提出的完善家庭经营的制度环境的四大对策建议，即明确永久不变的土地承包制度、出台农户承包地自主互换制度、出台并完善高龄农民市场化有偿退出制度、构建内生性核心农户培育制度，是在大量调研加上农村生活经历的基础上形成的，我是很赞同的。

　　太长了，不能再写了。

　　是为序。

孔祥智

2022 年 7 月 12 日

目　录

1 绪论

1.1 研究背景

在中国农业经济研究领域，没有哪个问题能像农业经营制度那样引人注目。农业经营制度改革已经 40 年了，人们对一些基本的问题似乎还没有达成共识。

1982 年颁布的《全国农村工作会议纪要》（又称第一个中央一号文件）正式确立了家庭经营的合法性。此后，党中央和国务院通过不断出台文件强化家庭经营的基础性地位，特别是 1993 年颁布的《中华人民共和国农业法》，1998 年修订的《中华人民共和国土地管理法》，2002 年颁布的《中华人民共和国农村土地承包法》以及 2007 年颁布的《中华人民共和国物权法》最终使家庭经营的基础性地位法制化、稳定化。然而，对家庭经营方式合理性的怀疑一直没有消失。

毋庸置疑，中国农业家庭经营确实存在一些问题，譬如规模过小、地块分散导致的成本过高，分散经营导致的标准化不高、市场参与水平低以及生产经营活动的组织化水平低等。从政府政策实践来看，无论是农业产业化政策还是农民专业合作社政策，其目的都是想克服家庭经营存在的问题。但政策实施的效果又都因为家庭经营存在的这些问题而大打折扣。正因为如此，有观点认为中国只能重走集体化或者规模化经营之路，取消小农似乎成了唯一可行的道路，但这种观点忽视了农业是一个复杂的有机系统，试图用工程化改造思维来改造现在中国的农业、农村与农民。多年的实践表明，如果只关注这些问题而忽视了这些问题背后的根源——人多地少的资源禀赋条件和非农产业发展不足，任何试图消除这些问题的做法都难以取得预想中的效果。

如何客观看待 20 世纪 80 年代左右的农业变革，如何评判改革以来农业经营制度的演化，如何看待围绕农业家庭经营展开的几个理论争论，如何看待小规模农业在农业现代化中的角色，如何实现家庭农业经济可持续发展，以及如何构架更好的农业家庭经营制度环境等都是我们需要认真面对的问题。基于此，本书基于中国农业经营制度变革的视角考察小规模家庭经营问题，力图说明家庭经营是唯一可行的制度选择，虽然存在问题却是可以缓解的，虽然存在经济效率损失却是可以现代化的，虽然面临经营困难却是可持续的。

1.2　基本观点与主张

本书的基本观点和主张如下：

（1）发轫于 20 世纪 80 年代前后的农业经营制度转变是一场没有规划图的变革。改革人民公社运行模式是共识，但改革的整个进程却有其偶然性。从 1978 年改革到确定农业基本经营制度，中国政府用了 20 年的时间来探索可行的发展模式。无论现在的学者利用什么样的数据来考证改革的意义，或者用什么样的方法来评估改革对农业发展的贡献，都不能否认那次改革的必要性和进步性。同时，以现在的眼光看待 40 年前的探索，并批评当时改革中的不断调整和关键人物的谨小慎微（即所谓的"摸着石头过河"）都是不客观和不公允的。

（2）农业经营制度演化中的去小农化倾向。针对家庭经营存在的各类问题，中国政府从 20 世纪 90 年代开始陆续推出了三次比较大的对家庭经营的制度创新，即农业产业化经营、农民合作社和新型经营主体。三次改革都力图解决小农户生产中存在效率问题，而且也在一定程度上做到了这一点。尤其是自 2017 年下半年以来，中国政府对小农户的认识发生了巨大变化，这种导向能持续多久是值得关注的。第三次农业经营制度创新，即新型经营主体的政策催生了大量的规模化农业投资。这种现象不是在中国孤立发生的，而是有着深刻的国际背景。自进入 21 世纪以来，随着国际粮价的上涨，农业投资变得有利可图，不少粮食自给能力不足的国家对国际市场的稳定性产生了怀疑，开始着手寻找农业投资地以生产满足本国需求的食物和其他基础农产品，由此引发了一轮对发展中国家进行大规模农业投资的热潮。由于投资国糟糕的权属治理水平，大规模投资项目使当地小规模农户的土地权益和生计受到威胁，引起了广泛的国际关注。国际机构在全球范围内展开了关于保护小农户的土地权属治理和农业投资规范的磋商。

（3）在中国农业经营制度的讨论中，规模经济与农业生产的关系、劳动力老龄化与农业生产的关系以及农户的兼业化与农业生产的关系一直没有明确的结论。人们关注的规模大多是指家庭土地面积，而这是由资源禀赋决定的。只要非农就业不扩张，农业人口不减少，少数人的规模扩大改变不了国家层面上的小规模经营这一特点。因此，规模经营的发展突破口不在农业而在非农产业和社会结构演化上。农业劳动力老龄化是全球性问题，日本、韩国存在严重的农民老龄化问题，美国和欧盟同样面临这些问题，这与农地规模大小没关系。农户兼业也是全球性现象，它是农户根据农业生产的季节性特点和家庭成员的禀赋特征追求收入最大化的表现。无论从理论上讲还是大量的实证研究来看，分散的家庭经营肯定会带来生产效率损失。对于这一点，我们认为不能也没必要否认。需要强调的是，这些缺陷并不是否定家庭经营的充分依据。家庭经营存在效率损失，并不表示一些人给出的替代方案不存在效率损失。

（4）研究显示，目前农户对现有长期稳定的土地产权安排的接受度比 1995 年和 2008 年调查时有了大幅提高，基层干部和村干部对土地的干预力越来越弱。虽然政府一直鼓励农户进行适度规模经营，但是限于资源禀赋，真正有规模经营意愿的农户只占 39%，主要集中在户主文化程度为初中且年龄在 40~50 岁的农户。针对有学者提出，农地确权强化农户的"禀赋效应"进而抑制土地流转的观点，课题组进行了专门研究。研究发现，土地确权登记颁证工作强化了农户的土地产权强度，对提高农户的流转意愿的影响总体上是积极的。数据测算显示，无论从哪个角度考察，农户的禀赋效应都不显著，这意味着总体上的禀赋效应并不存在。有一种观点认为，兼业化水平提高会促使农户流出土地，这样可以尽快实现农业土地资源的优化配置。本书研究发现，兼业总体上会提高农户的土地流出意愿和流出行为发生的概率，但是对意愿的影响并不是一个简单的线性关系，高兼业农户会因为土地价值预期而降低土地流出的概率。高兼业农户不愿流出土地势必会导致农业经营的持续小规模化，甚至农业经营的休闲化，这不利于农业资源的优化配置，政府应该从有偿退出的角度来解决这个问题。

（5）经济史研究显示，宋朝以后中国农业实行的是以自耕农为主体的农民占有制，土地占有不均并不严重，经营性大地主极为少见，土地矛盾总体上并不严重。大量的研究显示，土地改革对一国社会现代化具有显著的正向影响，土地占有更公平的国家和地区社会发展更好。相反，那些形成城市贫民窟的国家，例如巴西、印度和南非并不是因为它们实行了土地私有制，而是因为它们没有通过土地改革解决大地产所有制。农业家庭经营具有全球主流性，目前中国各地出现的超家庭的农业经营构建大多是样板，存在一系列问题。

（6）很长一段时间里，学术界、研究界和决策界一度认为中国的小农经营无法实现现代化，现代化的过程必定是消灭小规模经营的过程。鉴于日本的发展历程，原有的观点有了一定改变。现有通过标准体系来界定农业发展形态的方法虽然对促进农业与农村工作的开展有意义，却存在方法论缺陷。按照舒尔茨的标准，无论是从现代要素投入强度、市场参与程度还是农业技术进步来看，中国农业都已经是现代农业，支撑中国农业的小农户是现代农户而不是传统农户。

（7）针对"未来谁来种田"这个问题，课题组在河南、河北和山东三省的小麦主产县进行了一次为期半年的农户调查。本书显示，担忧未来无人种地是没有必要的。综合考虑目前父子同耕和有明确继承人两种情况，目前务农的农户中大约有40%农户有继承人（或潜在继承人）。半农半耕的家庭结构、城乡公共服务差距的缩小以及农村就业渠道的拓宽都增强了农村居民留乡返乡的动力。当这些家庭中父代年事过高时，其子代会继续从事农业。测算发现，受访父代农民期望退出农业的年龄在68岁，而家庭子代希望继承农业的平均年龄大约在51岁。这意味着中国未来农业经营者会以中老年为主，"老年人农业"将成为中国农业的常态。老年人农业是现代农业的重要标志之一，只有贫穷的农业国农业劳动力才会年轻。既然劳动力老龄化趋势不可逆转，那么政府真正要关注的是如何制定农业政策应对劳动力老龄化对农业的负面影响。

（8）本书给出了一套从根本缓解家庭经营效率损失的制度体系："永久不变

的土地承包制度+农户承包地自主互换制度+高龄农民市场化有偿退出制度+内生性核心农户培育制度"。其中，永久不变的土地承包制度是基础，它决定着这一套制度体系能否有效运转。我们建议当土地承包经营权证2028年到期时，将承包期延长到99年；农户承包地自主互换制度旨在解决土地细碎化问题，并为后面两个制度提供交易机制。土地确权登记颁证工作的完成和地籍信息的完善为该制度的出台提供了条件；高龄农民市场化有偿退出制度解决人地调配问题，并与自主互换制度一起解决地块细碎化问题；内生性核心农户培育制度是该体系的落脚点，前面三个制度都为它提供基础。该制度旨在解决农业继承人、土地适度规模经营和农业竞争力问题。

1.3　可能存在的问题与不足

第一，受笔者个人阅历、视野和能力的限制，一些观点可能不够客观，对一些观点的评价应该也存在偏颇之处。

第二，由于项目在执行过程中出现过中断，虽然本书围绕一个主题展开，但各部分之间的连贯性还有待进一步加强。

第三，本书中有关农业改革历程的材料主要依赖于文献、回忆录和一些新闻报道，相关描述不够细致，细节可能与事实存在一定出入。

2 探索与争论：一场没有规划图的变革

中国农业经营制度的概念在农经学术界应该是基本常识，笔者不想在这个基本问题上多费笔墨。以下内容将就两个主题展开分析：一是中国农业经营制度的探索性，二是学术界对中国农业经营制度改革方向的不同观点。第一个主题试图说明中国农业经营制度的改革不是预先设计好的，而是随着形势的变化而不断调整的。第二个主题试图说明学术界对改革取向问题一直都存在争论，并不是现在才有。

2.1 焦虑中的地方探索

2.1.1 家庭经营的历史贡献

在政策环境下，始于 1978 年的农业经营制度变革被称为"农民的伟大创举"，它开创了中国农业经济与农村社会发展的新纪元。不过在大多数农业经济学者看来，家庭经营既符合农业生产的基本特征，也符合全球农业经济的一般规律，是顺理成章的事。但在另外一些学者看来，农业从集体经营转向家庭经营本身就是一种生产方式的倒退，是目前中国"三农"问题的制度性根源。

自从井田制衰落以后，在中国两千多年的传统农业社会中，自耕农（包括地主）一直是农业生产的主要承担者，创造了辉煌的农业文明。据农业史研究，从战国以来中国农村中就有大量的自耕农，孟子所谓的"一夫挟五口，治田百亩"和晁错所指的"五口之家，能耕者不过百亩"都是针对当时的自耕农而言的[①]。唐代是中国古代农业文明的一个高峰，但中华文明进步速度最快的时期是在两宋时期，当时涌现了一批先进的技术发明，如接近现代形式的枪、水泵、水力推动的纺织机等，钧窑的窑内温度可以达到1700℃，汴京的一半人口使用煤炭（Morris，2010）。根据安格斯·麦迪逊对中国1700~2015年的人口和GDP的估算，1820年是中国经济的顶峰，GDP占世界总量的33%（麦迪逊和尹宣，2003）。这些文明成就无不建立在家庭农业的快速发展之上。

农业的发展为中国人口增长提供了基础。清初政局稳定后，中国人口出现了爆发式增长，从1700年到1850年中国人口由1.38亿增长到4.12亿，一举奠定了中国20世纪的人口基础。农业的发展和人口的增长也为工商业的发展提供了基础。在封建社会时期，农业几乎是中国古代工商业发展的唯一资本来源。当然，由于特定的政治制度和社会环境，中国资本主义生产关系在20世纪之前一直都没有真正建立。到了民国政府时期，中国资本主义大发展，农业也是最主要的资本来源地。当时资本家的主体要么是原来的农村地主和富农，要么是地主的子女，农业家庭经营为他们提供了初始资本。

当然，当西方进入工业文明以后，国家之间经济发展差距不再由农业决定。在西欧国家进入工业革命以后，中国在全球经济中的地位不断下降，到了1950年，中国GDP只占世界总量的5%左右。针对中国的衰落，李约瑟在其《中国科学技术史》（李约瑟和刘祖慰，1990）中提出了一个在国内外都影响很大的问题：既然中国在古代的科学技术已经如此发达，为什么工业革命没有发生在中国？关于该问题，学术界出现了思维方式说、中央集权说、制度说、资源约束说和地理条件说等理论解释，但没有任何一个理论将其归因于中国的农业家庭经营。

2.1.2 焦虑中的地方探索

中国农业经营制度改革是最典型的"摸着石头过河"式的改革，中国社会

---

① 赵冈. 中国土地史［M］. 北京：新星出版社，2006.

各界用了20年的时间才最终搞清楚到底要怎么改，路怎么走。20世纪70年代末，中国农村改革的路是农民和基层领导干部走出来的，而不是预先设定好的。在最初的社会改革目标里，改革目标是完善人民公社制度，巩固集体经营，根本就没有"大包干"和"包产到户"等方向相反的制度设想。1978年，无论是"大包干"的安徽省凤阳县小岗村还是尝试"包产到户"的安徽省肥西县小井村，农民和公社干部都承受了极大的政治风险。中共安徽省委在中央政策不明朗的情况下坚持进行改革试点也是需要有很大政治勇气的。

小岗村进行大包干的事迹我们已经耳熟能详，实际上与此同时进行的还有安徽省肥西县山南公社进行的自发改革。1978年下半年，肥西县山南公社的黄花大队、小井庄生产队和官亭区老庄生产队等生产队自发开展了分田到户的"包产到户"改革，公社领导干部在被举报的情况下顶住压力坚持探索。在中央政策不明朗、反对声音很大的情况下，中共安徽省委依然确定在肥西县山南公社进行试点，但不宣传、不推广、不见报。中共肥西县委也存在不同意见。一些公社和生产地的改革放慢，个别地方还出现了大规模调整。关键时候中共安徽省委顶住压力，主动担责，要求试点区域继续进行包产到户。

实际上，安徽能成为农村改革的发起地与当时的省领导——万里本人的个人胆识、担当和实事求是的工作作风有莫大关系。1978年安徽出现了历史罕见的大旱，全省受灾农田6000多万亩，不仅破坏了春播，导致了夏季歉收。不少生产队连秋天播种也难以正常进行。在1978年9月召开的紧急会议上，万里指出，与其抛荒，不如让农民个人耕种，充分发挥各自潜力，尽量多种"保命麦"度过荒年。中共安徽省委决定将集体无法耕种的土地借给社员使用，鼓励农民生产，自负盈亏。考虑到当时的环境，没有这次中共安徽省委做出的"借地种麦"的决定，就很难说会出现小岗村的"大包干"和肥西县的"包产到户"，以及遍及安徽全省的生产责任制改革。在后续的改革中，万里顶住了来自中央负责领导、省内不同意见领导和宣传舆论的各种压力，坚决支持安徽省的改革实践。在他看来，政策好不好要看粮食产量，老百姓吃上饭，才是最大的政治。如果效果不好，赶紧改正就好了。

2.2　从"家庭联产承包责任制"到"家庭承包经营"

2.2.1　"家庭联产承包责任制"的词不达意

"家庭联产承包责任制"一词在中国有着极为特殊的含义，也极富时代特色。从1982年第一次在政府文件中出现到1998年被家庭承包经营取代，"家庭联产承包责任制"一词在中国政府文件中存续了17年时间。这段时间正是中国农业经营制度从模糊到清晰的过渡期。这个词可以根据内涵分解成"家庭""联产""承包"和"责任制"四个词，而且每个词在其刚被提出时都有明确的内涵。从最终的实践来看，四个词最终变成了三个词。"家庭承包经营+农户"对国家和集体的义务才是制度的核心。

所谓"联产"是指按实现的产量或产值获得劳动报酬的一种生产责任制，也称农业联系产量计酬责任制。其特点：一是农民通过经济合同向集体承包完成最终产品，并据此承包完成生产任务所需的土地、耕畜、生产工具和其他生产投资；二是生产者的劳动报酬与他们所生产的产品产量或产值直接相联系。实际上从1978年开始进行"大包干"时农户的报酬就没有联系过产量，除了在最初一两年中探索过"联产"的实现形式外，人民公社制度取消后联产就没再实行过。既然不存在所谓的"联产"，那么为什么直到1998年中央才弃用这个词呢？

1982年就进入中共中央书记处农村政策研究室工作的赵树凯研究员在查阅大量政府文件、会议纪要和其他相关材料的基础上，发表了一系列关于农村改革最早几年中央决策层面关于农村改革方向的讨论过程的文章。这些材料可以为我们理解"联产承包责任制"的历史背景提供一些素材。

根据赵树凯（2018a）的研究，中央决策层面在如何认定"包产到户"和"大包干"问题上存在三个阶段：一律禁止、分两类地区执行两套政策和分三类地区执行三套方案。1978年12月，党的十一届三中全会通过的《关于加快农业发展若干问题的决定（草案）》允许在生产队统一核算和分配的前提下，包工到作业组，联系产量计算劳动报酬，实行超产奖励。但明确规定不许分田单干，不许包产到户。根据农林部政策研究室会议资料，在1978年10月中旬，新华社内参上就反映了安徽等地出现包产到组，有包产到户苗头。两个"不许"可能是针对这个苗头而来。在《关于加快农业发展若干问题的决定（草案）》发布三个月后，1979年4月中央发出31号文件，这个文件的重点是关于农业生产责任制问题。文件强调既要发挥集体经济优越性，又要调动社员积极性。在指出"生产责任制形式必然多种多样"的同时，明确提出不许包产到户，不许划小核算单位，一律不许分田单干。1979年9月，党的十一届四中全会召开，通过的《关于加快农业发展若干问题的决定》提出，不许分田单干，除了某些副业生产的特殊需要和边远山区、交通不便的单家独户外，也不要包产到户。这说明当时虽然地方已经发生政策突破，有关会议上也有一些争论，但是在中央领导层没有人直接坚持为包产到户放开口子。中央的农业主管部门是明确反对包产到户的，即使是杜润生也在会议上发言或者发文时明确不主张搞包产到户。

1980年3月，万里从安徽调任中央书记处分管农业，中央文件和农业主管部门的文件对包产大户的认定开始出现一点转变。在此之前，邓小平肯定了安徽省的包产到户和大包干做法，在舆论上大大支援了万里主张的改革。同年7月，胡耀邦强调不能把劳动方式与所有制混淆起来，单干不是走资本主义道路，不能说集体劳动就是社会主义优越性，奴隶社会就是集体劳动。然而中央领导的表态并没有改变所有地方领导的想法，在9月召开的各省市区第一书记座谈会上争论依然十分激烈。作为妥协的结果，中央75号文件提到在坚持集体化的前提下，同意贫困地区搞包产到户，一般地区不能搞。有人认为这为地方开展家庭经营改革留了一个口子，而实际上在执行过程中卡得比较严格（赵树凯，2018b）。总的来看，无论是中央还是地方，大部分领导干部还是无法接受单干这种做法。当然，对高层领导干部而言，其中利益冲突不一定很大，主要还是受到了意识形态的束缚。

面对各个地方农民群众包产到户的要求，中央主要领导在一些地方调研人民公社责任制改革以后思想也有所转变。1981年3月27日，中共中央办公厅批转下发了原中央农委副主任杜润生的《关于农村经济政策问题的一些意见》（以下简称《意见》），《意见》的基本主张是：困难地区实行"包产到户、包干到户"，中间地区实行"统一经营、联产到劳"，发达地区实行"专业承包、联产计酬"。所谓困难地区实行包产到户是指应对经济困难的权宜之计，贫困地区可以"退到包产到户，稳定三到五年"；为了说明"统一经营，联产到劳"的含义，杜润生在报告中用较大篇幅详细介绍了河南省的做法：棉田按劳动力分包给社员（不按人口或只以一部分土地照顾人口），叫责任区。定产量（产值）、定质量、定费用、定奖罚（全奖全罚或按比例奖罚）；统一计划、统一耕种、统一供种子、农药和化肥、统一核算和分配。凡适于分散操作的农活，包括育苗、下种、喷药、施肥、除草、收打等，均由承包社员分别完成。这种责任制的核心是坚持了生产队的主体地位，即"四定""五统一"；所谓"专业承包，联产计酬"，就是在生产队统一经营的条件下，分工协作，擅长农业的劳动力，按能力大小分包耕地；擅长林牧副渔工商各业的劳动力，按能力大小分包各业；各业的包产，根据方便生产、有利经营的原则，分别到组、到劳动力、到户；生产过程的各项作业，生产队宜统则统，宜分则分；包产部分统一分配，超产或减产分别奖惩；以合同形式确定下来当年或者几年不变。杜润生在报告中解释了这种责任制的优越性，它既可以满足社员联产计酬要求，调动个人积极性，也可以稳定生产队主体地位，发挥统一经营的优越性，人尽其才，物尽其用。该政策对当时的农口俗称为"切三刀"（赵树凯，2018a）。

作为一种综合考虑各种需要和各类矛盾冲突的妥协办法，"切三刀"给包产到户提供了发展空间，也照顾到了反对家庭经营的一些领导的想法。在整个1981年，尤其是上半年，"切三刀"成为政策主流。一些地方领导人，特别是不赞成包产到户的地方领导人积极响应，主流媒体也做了密切配合。但是在中央，以万里为代表的一些人反对该政策，他们认为不论什么地区，采取什么样的责任制形式要由农民自己选择。在胡耀邦的支持下，承认家庭承包经营精神的中央文件在1982年1月作为当年中央一号文件发出。这个文件指出，"目前实行的各种责任制，包括小段包工定额计酬，专业承包联产计酬，联产到劳，包产到户、到组，包干到户、到组，等等，都是社会主义集体经济的生产责任制。不论采取什么形式，只要群众不要求改变，就不要变动"。由此，"包产到户""包干到户"获得同其他形式的生产责任制同等地位，也成为"社会主义集体经济的生产责任制"，同时，农民可以根据自己意愿自主选择。上面已经提到，由于农民的要求，加上"联产到劳"和"联产计酬"执行流程过于繁琐,"切三刀"政策很快就被突破,"大包干"成了主流(赵树凯,2018a)。

由以上分析可以发现,在整个政策讨论与路线斗争中,"责任制"和"联产"不存在太大争议。大部分领导干部也认识到人民公社集体化运作存在的问题,需要通过强化责任制来提高生产绩效。但是对于包产到户或大包干是不是责任制却有着不同的理解。直到1982年中央一号文件出台,包产到户和包干到户才被认定为是社会主义集体经济的生产责任制。之所以要"联产",是因为联产是社会主义集体经营的统一化经营的主要体现,而当时确实有一些地方是联系产量搞的责任制。因此,可以判断强调联系产量确定报酬是一种妥协的说法。

2.2.2 "家庭承包经营"的确立

1983年1月,中共中央印发了《当前农村经济政策的若干问题》,对联产承包责任制的性质进行了进一步的说明。文件认为,联产承包责任制这种分散经营和统一经营相结合的经营方式具有广泛的适应性,适应农业生产的特点,适应农业现代化进程中生产力发展的需要。并指出,"在这种经营方式下,分户承包的家庭经营只不过是合作经济中的一个经营层次,是一种新型的家庭经济"。由此看出,当时中央在对家庭承包经营的认识虽然还停留在集体经营的框架之内,但在意识形态认定家庭经营与集体经营并不冲突。到1984年底,全国约98%的生产队都实行了家庭联产承包责任制这种新的经营方式,同年,人民公社制度取消,标志着农户家庭作为中国农业经营制度的微观基础已经确立。在其后的30多年中,尽管政府政策也有徘徊和调整,但保持家庭经营的总体政策思路是清晰的。在这期间发生了几次比较大的政策调整,对完善和巩固家庭经营影响深远:

(1)延长土地承包期。面对社会普遍担忧的到底家庭经营要持续多少年的问题,中央政府一直没有给出明确答案。特别是在20世纪90年代中期,社会上出现了一些质疑家庭经营的声音,中央政府依然没有正面回应,而是通过不断延长承包期来反映中央态度。改革之初确定的承包期为15年,1998年《中共中央 国务院关于一九九八年农业和农村工作的意见》提出第一轮承包到期的地方,都要无条件地延长三十年。在农村改革30周年之际,2008年10月党的十七届三中全会通过的《中共中央关于推进农村改革发展若干重大问题的决定》提出要赋予农民更加充分而有保障的土地承包经营权，现有土地承包关系要保持稳定并长久不变。2017 年，党的十九大报告除了要保持土地承包关系稳定并长久不变外，还明确第二轮土地承包到期后再延长三十年。

（2）为农业家庭经营立法。2002 年 8 月，第九届全国人民代表大会常务委员会第二十九次会议通过《中华人民共和国农村土地承包法》（以下简称《土地承包法》），明确规定"耕地的承包期为三十年"，并全面规范了农村土地承包关系。2007 年 3 月，全国人民代表大会第五次会议通过的《中华人民共和国物权法》（以下简称《物权法》），将土地承包经营权明确为用益物权。《土地承包法》的出台意义深远，它表明承认家庭经营不仅是执政党的意志，而且还上升到国家法律意志。《土地承包法》和《物权法》关于家庭土地承包权益的规定不仅具有象征意义，而且为农民维护自身承包权益提供了法律依据。从实践来看，《土地承包法》和《物权法》在司法实践中确实起到了保护农户土地承包经营权益的现实作用。

（3）全面取消农业税和"三提五统"。2006 年 1 月 1 日开始，全国全面取消农业税，这标志着在中国存在了几千年的皇粮国税的历史彻底终结。取消农业税在转变政府职能、调节城乡差距和缓和干群关系等各个方面发挥了积极作用。就农业经营制度而言，取消农业税和"三提五统"意味着农户经营土地不再对国家和集体负有义务。这是中国农业经营制度向现代国家迈进的重要一步。

（4）土地确权登记颁证工作的基本完成。农村土地确权是中央一项重大决策，2013 年中央提出全面开展农村土地确权登记颁证工作，健全农村土地经营权登记制度，强化农村耕地、林地、宅基地等承包经营权的物权保护。到 2018 年该项工作已经进入收尾阶段。虽然工作中存在一些问题，也有一些专家对该工作存在一定看法。但土地确权登记颁证工作对中国农业经营制度完善的重大意义将在未来几十年中得到体现。

2.3 制度变迁的绩效与争议

从人民公社转向家庭经营是一个巨大的制度转变，如何评判该制度对农业及社会经济的影响是一个十分重要的课题。要评估此次制度变革对生产的影响并不容易，因为在制度变化的那几年恰恰有一些事情同时发生。一是 1979 年国家分别提高了粮食、油脂油料、棉花和生猪等 18 种主要农产品的收购价格，平均提价幅度为 25.7%。其中，粮食收购价提高 30.5%，油脂油料提高 38.7%，棉花提高 25%。二是当时正处于农业绿色革命在中国开始扩散的时期，农业生产中化肥投入有了显著增加，高产种子也在开始推广。关系到农业生产的产品价格因素和投入因素与制度变迁同时发生，如何厘定制度变迁的作用存在一定的难度。

在此类研究中，影响最大的是林毅夫教授 1992 年在《美国经济评论》上发表的《中国农村改革与农业发展》一文。林毅夫教授采用省级面板数据来评估农业经营制度变革和政府提高农副产品价格等各因素对农业增长的贡献。研究发现，1978~1984 年的农业总产出增长为 42.23%，其中 45.77% 源于农业投入的增加。农业投入中化肥的作用最为重要，对产出增长的贡献率约为 32.2%。而劳动和资本的增加所引起的增长有限，耕地面积减少对农业增长的负面影响也很小。该研究最为引人注目的结论是，中国农业制度变革对 1978~1984 年中国农业产出增长有显著贡献，各项改革对农业产出增长的贡献率约为 48.46%，其中农业经营制度变革的贡献度为 46.89%，超过了全部要素投入增加的贡献。

除了林毅夫外，还有一些学者测算了农业经营制度变革对农业增长的贡献。例如 McMillan 等（1989）使用增长核算方法测算发现，1978~1984 年中国农业生产率改进的 78% 可归功于制度变革；Fan（1991）使用省级面板数据研究发现，产出增长的 26.6% 应归功于制度变迁；Huang 和 Rozelle（1996）研究发现，在 1978~1984 年稻米亩产增长的 30% 得益于制度变迁，40% 归功于技术进步。鉴于《美国经济评论》的影响力和林毅夫的特殊身份，《中国农村改革与农业发展》在同类研究中无疑是影响力最大的。

不过，并不是所有人都认同经营制度变革对农业产出会有这么大的影响。有人认为，关于农业产出的研究忽视了数据真实性问题，之所以改革前产量低是因为农民为了降低政府征购量而故意低估产量（Riskin，1987）；还有人认为，林毅夫等的研究忽视了劳动时间、有机肥、畜力和高产种子的影响，或者忽视了人民公社时期基础设施投入的滞后性，从而会高估制度变革的影响（Bramall，2000；王剑锋和邓宏图，2014）；还有学者发现，林毅夫在讨论制度变量时误用了时间，因为制度创新一般在年底发生，当使用制度变量滞后一期替代本变量时回归结果显示制度变量的显著性完全消失了（Xu，2012）。

以上批评意见都有一定道理，又不完全正确。一方面，在林毅夫的研究中引入的变量太少，不可避免地会高估制度变迁的影响。例如，林毅夫在讨论劳动时没有考虑有效劳动与统计劳动的影响。人民公社最大的弊端就是监督和激励问题，出工不出力是其形象的描述。改革以后虽然劳动力不变，但有效劳动肯定是大幅增加的。低估了劳动投入自然会高估制度变迁的贡献。另一方面，如果说改革之前农民有低报产量的可能，那么承包以后低报的概率更大。因为在人民公社时期，由于对上负责和考核激励的影响，大队干部没有太大低报的动力。而改革后由于农户要缴"公粮"，而且由于更分散更加难以发现，瞒报的概率就更大了。中国的耕地面积在退耕还林还草的政策下竟然比统计数据多出来近3亿亩就是一个佐证。此外，在实际的生产中，化肥和新种子等现代要素推广的速度并不是太快。大量的口述史资料表明，在制度转变前后农业投入品没有太大变化，但产量依然有大幅提高，经营方式改变导致的劳动投入增加和精耕细作才是最主要的影响因素。

近些年，一些人开始否认经营制度变革的必要性。即使一些严肃的学者也会认为集体经营时代积累的灌溉设施和机械对改革后的农业发展有重要作用。在2017年第1期的《经济学（季刊）》上，孙圣民和陈强（2017）在考虑了制度变迁变量的内生性的基础上，通过使用1970~1987年的省际面板，在改进灌溉、机械化、天气与制度变迁等关键数据后，利用面板工具变量法研究了经营制度变革对农业产出的影响。研究结果显示，在控制人民公社时期积累的水利设施和农机设备积累的前提下，制度变迁对于中国农业增长有显著正效应。

2.4 关于家庭承包经营缺陷的主要论断

毋庸置疑，农业家庭经营肯定也存在自己的不足。认为家庭经营取代人民公社是一种制度创新，并不否认家庭经营本身存在一些问题。在过去的 40 年中，关于农业家庭经营缺陷的讨论从来没有消失过。笔者简单梳理了相关文献，大致归纳如下：

（1）家庭经营使土地生产丧失规模效应，影响了劳动生产率。农业改革 40 年以来，农业家庭经营一直占据基础性地位。随着经济的发展，农户家庭经营呈现出经营规模小、分工协作严重滞后的发展态势，形成了"小而全、小而散"的小农经济格局（姜长云，2011）。有研究认为，这种格局已经表现出明显的不适应性，它不仅导致农户的兼业化、劳动力的弱质化和农业的副业化（罗必良等，2014），还进一步妨碍了现代农业的发展，制约了农业发展方式的转变（姜长云，2011）。有学者认为，过小的人均耕地面积是导致中国农业劳动力生产率低下的主要原因（郭熙保，2013）。这个判断无疑是正确的，但并不算什么有价值的发现。

（2）家庭经营限制农业技术进步。经济行为分析发现，种植规模大的家庭更容易采纳新的农业技术（何可等，2014；吴雪莲等，2016；李谷成等，2008；张瑞娟和高鸣，2018b）。李然和冯中朝（2009）运用三阶段 DEA 模型和农户生产调查数据，对 2008 年我国农户家庭经营技术效率进行了实证分析。结果表明，低下的家庭经营规模效率成为农业技术效率提升的重要阻碍。王玄文和胡瑞法（2003）、廖西元等（2006）、黄季焜和胡瑞法（2008）通过研究也得出了类似结论。

（3）家庭经营面临着产业与市场障碍。家庭经营极大地调动了农户农业生产积极性，但没有实现小规模农户生产与社会大市场之间的有效衔接（张国平，2009；许经勇和张志杰，2001）。在家庭承包经营条件下，分散的农户受缺乏组织性，无法有效进行市场研究、收集和掌握市场信息、购买农资和进行产品运输等限制，生产很难实现协调性发展，以致其在市场竞争中处于弱势地位（丁德章，1999；许经勇和张志杰，2001；张国平，2009；刘爽等，2014；刘乃安和任杰，2017；张玉龙，2018）。此外，小农户家庭经营实力弱、农业经营呈现分散化和兼业化，这也导致了农户经营过程中难以应对凭借强大的工商资本进入市场的涉农企业的竞争（殷治琼，2018）。

（4）还有学者对农业经营对农业生产效率的影响存在不同观点。家庭承包经营体制严重弱化了农户的土地产权，使土地产权呈现出强烈的债权意味。这使我国的农业生产处于一种典型的小农生产模式，对农业发展的乏力、农村的落后及农民的贫困均起着重要作用（宋士云和胡洪曙，2005）。同样制约农业发展的还有农户投资，受农业生产的规模狭隘性等诸多因素的制约，农户家庭投资通常表现为生产投资的相对减少和投资的短期化、非农化倾向，这也在一定程度上限制了农业经济的增长（方承，1988；范厚新，1989）。

以上列举的家庭经营缺陷是客观存在的，政府也通过各种政策措施来应对这些问题。不过，需要强调的是，这些缺陷并不是否定家庭经营的充分依据。经济学最朴实的一条真理是：天下没有免费的午餐。应用到农业经营制度上就是没有任何制度是完美的。对中国而言，无论是集体经营还是家庭经营都会有不足。与集体经营相比，家庭经营的这些不足尚可以找到缓解的可能。

3 中国农业经营制度三次变迁：
"去小农化"与制度供给过剩

3.1 引言

自从小岗村发生的诱致性制度创新被决策者认可并推向全国以来，家庭经营作为农村基本经营制度的内核就被确定了下来。中国农业由集体经营到家庭经营的转变被认为是制度变迁的经典案例。新的制度显然更有效率，其表现就是粮食在6年间增产33.65%。根据林毅夫的研究，制度创新对1978~1984年农业增长的贡献率达42.20%[①]。尽管对制度创新贡献率的具体数值有不同的看法，但大部分学者认为家庭经营制度显著提高了农户的生产积极性，改善了农业的生产效率。

制度变迁带来的制度均衡并没有持续太久，新的制度安排需求因家庭经营的不足而不断累积。这些不足体现在诸多方面，例如，土地小规模分散经营不利于农业的规模化和标准化生产，承包土地的频繁调整不利于农业长期投资，农村土地产权的模糊化导致农民土地权益损失等。家庭经营制度确立不久，新的制度创

---

① Lin, Justin Yifu. Rural Reforms and Agricultural Growth in China [J]. American Economic Review, 1992 (82): 34-51.

新就已经开始在一些地方出现。不过从国家层面来看，主要的制度创新分三个阶段：20 世纪 90 年代中期开始的农业产业化经营、2007 年前后兴起的农民专业合作社和近几年兴起的新型农业经营体系。需要强调的是，这三次制度创新都是在家庭经营的基础上进行的边际性改变。它们和家庭经营制度确立相比，只是在制度结构保持稳定的基础上对特定制度安排的调整。审视这三个制度变迁过程和新的制度安排，可以发现在这个制度变迁中出现了制度供给过剩现象，即相对于社会对制度的需求而言，有些制度安排是多余的，或者是一些无效的制度仍然在执行①。作为一种公共物品，制度供给中的"搭便车"现象往往会使制度供给不足，或者出现诺斯认为的制度供给滞后，而制度供给过剩现象并不常见。为什么会出现制度供给过剩以及如何实现制度再均衡是一个很有意义的课题。

3.2 农业产业化经营：市场化手段衔接小农与市场的制度创新

3.2.1 农业产业化经营的产生

"农业产业化"是一个极富中国体制特色的术语，其本质是指通过农业生产的纵向一体化提升农业生产的商业价值，对应的英文应该是"agribusiness"。但是，从字面来看，农业产业化直译应该是"agriculture industrialization"。这个词本身就否定了农业是国民经济第一产业这一基本事实，必须要经过一定的手段才能"化"为一个产业。

不将农业视为一个产业是有其历史背景的。20 世纪 80 年代末 90 年代初期，中国农业发展进入了平稳期，农业小规模经营的弊端日益受到社会的关注。在诸多弊端中，家庭分散经营与农产品流通和加工市场的矛盾日益突出。由于缺乏组织管理，农户在生产决策中的一呼而上、盲目跟风现象比较普遍，特定农产品阶

---

① 卢现祥.论制度变迁中的制度供给过剩问题［J］.经济问题，2000（10）：8-11.

段性相对过剩现象开始出现。如何解决小农户进入市场的问题成为各级政府关注的重要问题。同时，得益于农业科技进步，农业生产水平大幅度提升。与此对应的是农产品实际价格的回落以及农产品对非农产品贸易条件的恶化，农民增收成为一大难题。从 20 世纪 80 年代末开始，一些地方政府开始探索农业全产业链的整合模式，比较引人关注的是山东省潍坊市探索的贸工农一体化模式。

贸工农一体化模式以满足国内国外两个市场需求为导向，以农产品加工企业为龙头企业，以农户为基础，通过生产服务和利益均沾的方式，将农产品全产业链的主体联系起来，构成一个风险共担、利益共享、互惠互利的经济利益共同体。主要做法是：加工企业与农户签订生产合同，建立产品生产基地，企业给农户提供生产服务，同时按照合同收购农户生产的产品。1987 年，在总结肉鸡产业成功经验的基础上，潍坊诸城市开始在全市探索推行贸工农一体化的纵向一体化发展模式。1992 年 10 月，山东省主要领导要求潍坊市领导在贸工农一体化做法的基础上探索新的更高层次的农业发展机制。这是潍坊农业产业化诞生的直接背景。1993 年初"农业产业化"的概念被提出。

3.2.2 农业产业化经营的特点

在学术界，尽管学者从 20 世纪 80 年代就开始研究订单农业，但"农业产业化"这个概念直到 1994 年才普遍见诸学术期刊。农业经济研究学者们根据各个地方的探索，对农业产业化的特征进行了归纳，大致符合这几个特征：①生产的市场化，即农户摆脱自给性生产动机，以满足市场需求获得经济利益为目的。②生产的专业化，即农业产业化组织内部的各个主体各自在自己专业的领域活动，特别是农户加入组织后专门进行特定产品的生产。③生产的服务体系的社会化，即农业生产打通了农产品产业链的各个环节，实现生产经营要素直接、紧密、有效的结合和运行。④生产的规模化，即要求生产基地的总体规模要大，以实现规模经济，形成品牌或市场影响力，进而增强辐射力、带动力和竞争力，提高规模效益。⑤生产的一体化，即农业产业化组织内部实现产加销、贸工农一体化经营，把农业的产前、产中和产后环节有机结合起来，使各环节参与主体真正形成风险共担和利益共享的共同体。这是农业产业化经营的实质性规定。

在长期实践中，农业产业化经营的模式有"龙头企业+农户""龙头企业+基地+农户""龙头企业+村集体组织+农户"和"龙头企业+合作社+农户"等多种类型。这些不同类型的农业产业化经营模式大致包括几个要素：一是龙头企业，这是农业产业化这种龙形经济的主要构成。龙头企业既可以是加工企业和流通企业，也可以是出口企业。它的核心功能是把基础农产品进行加工或者简单的分拣包装，进而实现价值增值，最终实现"惊险的跳跃"。二是主导产业，即进行加工、销售的农产品。农业产业化要把农业延伸到生产和流通领域，就意味着必须要有规模经济，否则产业化将难以开展。这就强调这些产业应该是对具有区域特色的农产品进行加工和销售，而且还要达到一定规模。三是终端生产者，要么是合作社或社区合作组织等代理者，要么是企业自建生产基地，这是农业成为产业化经营的基础。四是利益联结机制，即连接龙头企业与农户并实现利益兼容的制度设计。

3.2.3 发展现状与制度缺陷

客观地讲，农业产业化经营模式是一种有效的连接小农户与市场的手段，对于促进农业产业结构升级，活跃农村市场，提高农民收入和带动城乡要素的流动起到了不可替代的作用。在农业产业化组织中龙头企业无疑是核心，它们既是集体行动的发起者，也是组织运行的带动者，自然也是主要受益者。自 1994 年以来，各级政府高度重视龙头企业发展，采取了财政补贴、税收优惠和金融支持等措施对龙头企业进行扶持。在财政方面，财政部积极扶持包括龙头企业在内的新型农业经营主体开展农产品种植、养殖、加工等项目建设，并明确要求加大贴息力度，重点扶持涉农企业。在税收方面，政府对企业从事农林产品种植业、养殖业、远洋捕捞和农产品加工等农林牧渔业项目免征企业所得税，对农业生产者销售的自产农产品免征增值税，下游环节购入免税农产品后，可按照 11% 或 13% 的扣除率计算抵扣增值税进项税额。在金融方面，农业部分别与中国农业银行、中国农业发展银行联合印发有关文件，加大对龙头企业的金融支持力度。

据统计，截至 2016 年底，全国农业产业化组织有 41.7 万家，其中农业产业化龙头企业有 13.03 万家。2016 年，农业部公布了 1131 个第七次监测合格农业产业化国家重点龙头企业名单，山东省居首位，共有 85 家。2018 年《农民日报》依照营业收入 6.11 亿元的门槛评选出中国农业产业化龙头企业 500 强排行榜，山东省有 80 家入围。500 强中营业收入超 500 亿元的企业有 8 家，超 100 亿元的有 56 家，高于 45 亿元营业收入的龙头企业有 103 家，188 家营业收入在 15 亿~45 亿元。

经过 20 多年的发展，农业产业化经营模式不但得到了决策者的认可，也受到了学术界的肯定。但农业产业化经营说到底是订单农业，农户与龙头企业之间的利益并不完全兼容。不仅如此，在利益给定时，两者利益是对立的。由于农户和企业在实践中都存在机会主义倾向，当市场环境变化时，双方的机会主义倾向会使得达成的契约极不稳定。而且，由于公司追责交易成本巨大，而农户追责又面临集体行动难题，这就使双方的违约成本都很小①。正是由于"公司+农户"组织形式存在的天生的制度缺陷，使它的运行绩效受到严重制约。为了解决这个难题，各地又创新出"公司+基地+农户""公司+协会（村集体）+农户""公司+合作社+农户"等升级形式，希望借助于乡镇政府、村集体和中介组织的力量来克服"公司+农户"的制度缺陷。实践证明，这些模式的确发挥了一定作用，但都不能从根本上解决公司与农户利益不兼容的问题。

3.2.4　基本评价

在农业产业化发展模式中，龙头企业是政府扶持的重点对象。例如，2016 年，安排中央财政农业综合开发资金 35 亿元，扶持了 4000 多个涉农企业开展产业化发展项目建设。但是，同是农业产业化组织的一端，广大农户一般是作为企业的附庸而存在的。政府大力扶持农业龙头企业，而龙头企业在经济盈利的同时却无法与农户利益兼容，这种结果看似与农业产业化发展的初衷相悖。但是，从行政管理角度来看，这种做法应该是次优的选择。在全球订单农业中，参与主体的机会主义行为都是无法彻底消除的。

虽然龙头企业和农户的地位不对等，但农户在这种组织模式中是不可取代的。从整体来看，农业产业化龙头企业承担了该产业化组织的绝大部分成本，在利益分享时出现"企业吃肉，农户喝汤"的结果几乎是必然的。与没有企业带动相比，这个结果也是一个"双赢"的结果。表 3-1 反映的是山东省和河南省受访农户对

---

① ［美］曼瑟尔·奥尔森. 集体行动的逻辑［M］. 上海：格致出版社，2014.

产业化龙头企业的认知情况。此次调查共对 1073 个农户进行了调查。总的来看，受访农户中与龙头企业开展过经济交往的农户只有 11.2%，绝大部分并不直接与龙头企业打交道。在与龙头企业打交道的农户中，有 2/3 的农户认为可以从龙头企业那里购买到便宜农资，超过 80% 和 70% 的农户认为龙头企业可以给自己提供有用的技术和市场信息。90% 以上的农户认可龙头企业在市场开拓方面的优势。

表 3-1　农户与龙头企业的衔接

单位：%

项目	是	否
农户是否与农产品加工、销售和出口企业等农业龙头企业有过经济上交往?	11.3	88.8
可以从他们那里购买更便宜的农资	66.2	33.7
可以以更高的价格向他们销售农产品	41.7	58.3
他们可以给您提供一些有用的技术	80.3	19.7
他们倾向于压低收购价格	72.3	27.7
他们曾许诺的订购合同总是能够如约完成	55.4	44.6
他们可以为农民提供有用的市场信息	73.3	26.7
他们有更好的销路	91.1	8.9

资料来源：根据农户调查数据分析所得。

3.3　农业合作社的兴起：农民经济组织化的制度创新

3.3.1　农业合作社再次兴起的背景与原因

合作社在中国并不是新鲜事物，在民国时期它就有了很好的发展。据潘劲（2002）研究，20 世纪初中国就有留学国外的学子在研究和宣传合作社，并且进行了早期的合作社实践。国民政府时期比较重视合作社发展，当时的立法院于 1934 年 2 月通过《合作社法》，此后又颁布了《合作社法实施细则》。当时政府还在事业部下设合作司，负责开展合作金融活动，而且对合作社的登记与管理都有明确的规定。

在中国改革开放最初的 20 年中，农民合作社在政府的政策框架内几乎是微不足道的。合作社之所以会慢慢进入社会公众决策者视野，与两个因素有关：一是农业产业化的推动。承上所言，农民专业合作社在某种程度上是为了弥补订单农业制度缺陷而出现的。由于合作社具有一定社区性，社员之间相互认识，龙头企业希望利用合作社的这种属性约束农户的违约动机，故而积极探索"龙头企业+合作社"模式。二是社会科学知识的积累。学术界对农业合作社的研究经过了 20 世纪 80 年代对该问题的讳莫如深，90 年代对外国农业合作社的介绍以及基本理论的讨论，以及 21 世纪以来的积极推介以后，制度供给者和需求者对合作社的理解才发生了实质性的改变。因此，社会科学知识对此次制度变迁的作用主要表现为改变了社会关于合作社的意识形态。

在早期的合作社研究者眼中，合作社不只是一个经济组织，更多的还是一种农户组织化的制度安排。早期的研究者特别强调合作社与龙头企业进行对等谈判的价值，寄希望于合作社来提高农民的议价能力。还有一些经典合作社理念的坚持者特别强调合作社的社会功能，希望通过合作社来改变农民在社会系统中的原子化特征，甚至期望通过合作社提高农民的公民地位。在多方力量的推动下，《中华人民共和国农民专业合作社法》由 2006 年 10 月 31 日第十届全国人民代表大会常务委员会第二十四次会议通过，中国合作社发展迈入一个新的篇章。

3.3.2 现行合作社异化问题

《中华人民共和国农民专业合作社法》（以下简称《合作社法》）出台以后，各地农民专业合作社如雨后春笋般地涌现了出来。合作社在为广大会员农户提供生产技术、市场信息、农资供应和农产品销售等服务上发挥了很好的作用，有的还实行标准化生产统一品牌，开展"公司+合作社+农户"产业化经营。然而，现有的合作社中绝大部分运行不规范，主要表现有：一是股权结构不规范，大部分合作社是由工商企业、经营大户甚至政府或事业单位出资设立，入社农户大多不出资；二是治理结构不规范，合作社不是由全体社员民主控制的，而是主要按照公司制运营，绝大部分社员并不参与合作社事务；三是合作社盈余一般是归大股东所有，普通社员一般很少甚至不能得到合作社的经营盈余。

早在《合作社法》颁布之前就已经有学者针对中国合作社的规范化问题提出质疑。黄祖辉和邵科（2009）认为，中国的农业合作社自我服务和民主控制的质的规定性正在发生漂移；熊万胜（2009）认为，专业合作经济组织中广泛存在"名实分离"。冯小（2014）认为，乡村资本与少数乡村精英合谋构成了合作社制度异化的乡土逻辑，从而使"真合作社"在争夺外部扶持资源的过程中受到挤压（张颖和任大鹏，2010），能人（大户）或企业主导的合作社成为合作社的主流形式（苑鹏，2001；张晓山，2004；潘劲，2011）。在这种背景下，邓衡山和王文烂（2014）更是提出了"中国到底有没有真正的农民合作社"的质疑。他们认为中国绝大部分合作社都不具备"所有者与惠顾者同一"这一合作社的本质规定。在其另外一篇广受关注的论文中，邓衡山等（2016）对江苏、吉林、四川3省9县18个乡镇331个村500家合作社进行了深入访谈。他们发现在被调查的18个乡镇的500家合作社中，符合"所有者与惠顾者同一"的本质规定、可以称为真正意义上的合作社的，连一家都没有。

当然，并不是所有学者都因为合作社出现所谓不规范就认为中国的合作社不是真正的合作社。徐旭初（2015）认为，中国绝大部分合作社因为同时杂糅了合作化、产业化和社会化的农业组织化功能，看起来并不"规范"。而且，真假合作社的争论其实没有意义，应该留给合作社更多实践的空间（刘老石，2010）。徐旭初和吴彬（2017）认为，作为社员的专业农户的权益能否得到保障必须由实践来检验，可以将"惠顾"划分为"直接惠顾"和"间接惠顾"，当前中国大多数农民合作社是具有合作制属性，同时产业化和制度性色彩鲜明的股份合作制的改进型（且为过渡型）中间组织，这些合作社并非异化的或伪形的合作社，而是富有中国本土特色的创新形态。

针对徐旭初教授提出的现行合作社是富有中国本土特色的创新形态的观点，也有一些学者提出质疑，其中代表就是秦愚（2017）在《农业经济问题》发表的观点。他认为，当前中国实用主义合作社理论主张成员包括农产品生产者和非农产品生产者，剩余按出资和惠顾两种标准分配，呈现多元特征，试图通过不同类型成员分享所有权来加强对于他们的激励。这种观点在制度设计上破坏了合作社的效率机制，其倡导的农业组织形式没有成为通向规范合作社的桥梁，实际结果偏离了合作社社会功能和生产者组织界定，走向了非合作社农业组织。

3.3.3 实践中合作社概念的泛化问题

学术界关于合作社本质规定性的争论是目前合作社研究的一个焦点问题,但学术界和行政管理领域关于合作社的泛化倾向同样值得关注。《合作社法》虽然对合作社的定义较为宽泛,但具体条款更多的是针对农产品生产和供销合作社设置的。中国出现的农业合作社大多也属于这一类。由于中国农民合作事业发展的复杂性和特殊的社会演化历程,目前学术界和各级决策者以及政策执行者关于合作社的认识存在明显的"泛化"倾向。在改革以后、《合作社法》制定以前,农村出现过诸如专业技术协会、行业协会和农村社区合作组织等"农业合作经济组织"。2007年以后土地股份合作社和农机合作社也借着合作社发展的有利政策环境不断涌现。技术协会和行业协会是在20世纪90年代农业产业化发展高潮期大量涌现的一类社团组织,他在某种程度上发挥了组织小农户、提供社会化生产服务的功能。但它们并不具备合作社的基本属性,顶多算是农户合作组织,但绝不是合作社。农机合作社说到底也是一个社会化服务组织,其本质上更像合伙制企业,它们的发展对农业生产的机械化水平的提高具有很强的正外部性。但是,存在正外部性并不意味着它们就是合作社。

农村社区股份合作社出现于改革开放之后的一些经济发达的地区,典型代表是南海模式。这类合作社的典型特征是集体非农经济发达,村民基本实现了非农就业,农业收入在社区居民收入中份额极小。社区股份合作社出现的主要目的是解决集体资产的分割问题而不是农业生产问题。1992年,南海市开始试行土地股份制,即以行政村或村民小组为单位,将集体财产及集体土地折成股份集中起来组建股份合作组织,然后由股份合作组织直接出租土地或修建厂房再出租,村里的农民出资入股,凭股权分享土地非农化的增值收益。与农村社区股份合作社相关的另外一种模式是土地股份合作社。土地股份合作社也是起源于少数经济发达地区以及一些大城市的城乡接合部。这类合作社在发达地区除了起到上述社区股份合作社分享集体收入的功能之外,在一些地区还起到了耕地集中经营的作用。例如,江苏省苏州市从2001年底探索建立农村土地股份合作社,其主要目的就是要解决土地的分散化问题。

无论是农村社区股份合作社还是发达地区的土地股份合作社都是以农村社区

非农产业的发达为前提。无论他们是否具有合作社属性，他们出现的动机都是要解决各自存在的问题。尽管各自运行中都有一些需要解决的问题，但总体效应还是正面的。但是 2007 年以后农村集体非农经济发展不好的地区出现的一些所谓土地股份合作社值得社会警惕。例如，笔者曾经多次调研过山东省西部某县推行的土地股份合作社，其本质就是一个土地流转项目。在政府主导下，村委将全村土地集中从农民手中反租回来，然后通过招商引资的方式寻找投资者进行高附加值农产品的规模经营。在这种模式中村委作为投资者和村民中介发挥了核心作用，而村民与投资者之间仅存在租赁关系和一些雇佣关系。村民对这种“土地股份合作社”的运行没有影响力，更不存在实质性的盈余分红，其合作社属性不但得不到体现，还对社区小农户产生明显的挤出效应。在笔者调查的其他土地股份合作社中同样存在类似问题。

3.3.4 关于农业合作社制度创新的基本评价

与农业产业化龙头企业类似，政府在财政支持、项目扶持、税收优惠和金融支持等方面对合作社进行了大量支持，合作社数量在不断增加。中国农业合作社数量出现了快速增长。据农业农村部统计，截至 2018 年 9 月底，在工商部门注册的农民专业合作社总量达 213.8 万家，入社农户突破 1 亿户，约占承包农户总量的 48.5%。

表 3-2 反映的是本研究团队 2017 年对山东、河南和河北 900 多户农户的调查情况。由统计情况来看，受访户主中有 72.92% 听说过当地有农民专业合作社，还有将近 30% 的户主没听说过当地有合作社。表示曾经加入过任何一家合作社的农户仅有 3.48%。

表 3-2　农户与合作社的关系

单位：%

问项	答案	占比
是否听说过当地的农民专业合作社？	是	72.92
	否	27.08
是否加入任何一家合作社？	是	3.48
	否	96.52

资料来源：根据农户调查数据分析所得。

关于农户参与率的统计还有其他一些近似的研究。中国人民大学"农业现代化体制机制创新与工业化、信息化、城镇化同步发展研究"课题组于 2014 年 7~9 月对河南、山东和河北部分县市区的调查显示，受访者合作社参与率为 16%（刘同山，2017）；张瑞娟和高鸣（2018a）2016 年对江西、安徽、江苏和河南四省份农户的调查数据显示，受访农户参与合作社的比例为 4.56%；苏岚岚等（2018）于 2016 年 7 月调查了陕西 908 户农户，其中参与合作社的比例为 20%。黄炎忠等（2017）2017 年在湖北省调查的 1116 个农户中，参加合作社的比例为 8%。

总的来说，农业合作社在农户生产中发挥了一定作用。但是考虑到合作社中大部分由企业或大户主导，这种作用更多的是通过产业化经营的联结机制发挥作用的。从其功能来看，我们更愿意把中国现有的农业合作社看成一种农业产业化组织，而不是农民合作组织。只有这样正本清源，才能解释并且理解中国合作社存在的各种问题。

3.4 新型经营主体的培育：小农替代型的制度创新

3.4.1 政策导向的确定

"新型经营主体"这个提法见诸报端始于 2004 年。2004 年，时任中共湖北省襄樊市襄阳区委副书记的郭富清在《农村工作通讯》上介绍了襄阳区通过努力培育新的农业经营主体激活了农业农村经济的经验[①]。在他的论述中，新型经营主体主要是指进行农业产业化经营的龙头企业，经营"庄园经济"的农业经营企业，包括行业协会、商会和运销经纪人在内的中介组织和个体，以及各类种养大户。因此，从形式上看，新型经营主体是一个新提法，但从其内涵看，这些新型主体并不新鲜。这个概念只是将已经存在多年的农业组织进行了一个新的归类。

---

① 郭富清. 全面激活农村经济培育新型经营主体 [J]. 农村工作通讯，2004（04）：44.

在 2008 年《中共中央关于推进农村改革发展若干重大问题的决定》特别提到了"家庭农场"这个概念，并因此掀起了一股"家庭农场热"。实际上，家庭农场在中国农业政策领域出现得比较早，改革开放之初就已经出现。1983 年，《农业经济论丛》（现已改名为《中国农村观察》）发表了一篇案例研究，分析了广州市郊区一家家庭农场的运行情况。在此后的 20 多年中，"家庭农场"一般是指国有农场（主要是国有农垦企业）内部存在的家庭承包经营形式。直到 2005 年以后，特别是上海市松江区从 2007 年底开始在粮食生产领域的农户中开始试行家庭农场制以来，家庭农场这个概念才慢慢变成一个一般性的农业经营实体。不过，无论是 20 世纪 80 年代还是 21 世纪初，在学术界和政策制定与执行者的视野中，家庭农场都是与小规模家庭经营是有区别的，根本性的区别就是规模。

《中共中央关于推进农村改革发展若干重大问题的决定》指出"有条件的地方可以发展专业大户、家庭农场、农民专业合作社等规模经营主体"。2012 年"新型农业经营体系"的概念第一次被提出，2013 年中央一号文件首次提出了培育新型农业经营主体。党的十八届三中全会再次强调要加快"新型农业经营体系"的构建。此后的 2015 年、2016 年和 2017 年中央一号文件都把培育新型经营主体作为重要任务。从文件来看，所谓新型经营主体包括类型较多，譬如家庭农场、专业大户、农民合作社、农业产业化龙头企业等都算新型经营主体。

3.4.2 新型经营主体的培育政策导向的本质与走向

2017 年 6 月，中共中央办公厅、国务院办公厅印发了《关于加快构建政策体系培育新型农业经营主体的意见》（以下简称《意见》），首次明确包括财税政策、金融信贷、保险支持、人才引进等六方面具体的扶持举措。《意见》鼓励创办多元化新型农业经营主体，鼓励村干部、返乡大学生、农村经纪人等群体领办创办新型农业经营主体。《意见》提出要大力支持适度规模经营的家庭农场、种养大户和农民合作社发展，鼓励依法组建农民合作社联合社和家庭农场联盟，发展多种形式联合与合作，提升新型农业经营主体的组织化程度和市场竞争力。该文件的出台标志着政府在支持新型农业经营主体方面达到了一个新的高度。根据农村部 2017 年底的统计，全国家庭农场、农民合作社等各类新型农业经营主体已达 351.9 万个。

表 3-3 反映的是本研究团队 2017 年对山东、河南和河北 900 多个农户的调查情况。虽然组建家庭农场（专业大户）的村庄数量比重是没有组建家庭农场（专业大户）的村庄数量比重的 1/4，但听说过家庭农场（专业大户）农户人数比重是没有听说过的两倍。这充分说明虽然农户对家庭农场（专业大户）的认知程度较高，但仍有 2/3 的农户对组建家庭农场（专业大户）持观望或拒绝态度。农户普遍认为家庭农场（专业大户）通过扩大农地经营规模或使用更先进的技术等方式能够花费更小的经营成本，获得更高的经济利润。受访农户认为，虽然家庭农场拥有更好的生产条件，但单位产出水平不一定高于普通小规模农户，而且还有 30% 的农户并不认为家庭农场的田间管理比普通农户好。家庭农场虽然经营规模大，但其市场势力也难以体现，只有 40% 的农户认为家庭农场可以以更高的价格销售农产品。

表 3-3　农户对家庭农场认知度

项目	有（对）	无（错）	不一定	项目	有（对）	无（错）	不一定
您有听说过家庭农场（专业大户）吗	64.4	35.4	0.2	单位产出更高	44.4	6.5	49.1
你们村有人组建家庭农场吗	16.2	64.8	19.00	田间管理更好	63.9	5.9	30.2
经营规模更大	88.4	2.4	9.2	可以以更低的价格购买化肥、种子、农药等农资	79.2	4.9	15.9
种植更值钱的经济作物	49.7	7.9	42.4	有大型设备	80.8	4.1	15.1
每亩成本更低	55.8	7.7	36.5	可以以更高的价格卖农产品	39.9	10.2	49.9

资料来源：根据农户调查数据分析所得。

从近两年的政策文件看，决策者对新型农业经营主体的构成以及对各种主体的定位有了一定的转变。在 2010 年前后，政府对参与农业生产的主体并没有明确的界定，大量的非农组织和个人涌入农业生产环节，掀起了一股农业投资热。此后，社会各界普遍关注工商资本下乡和地方政府主导土地流转问题，决策者对不同主体角色的认识慢慢有了转变，开始关注龙头企业对小农户的挤压问题。

3.5 三次制度变迁的共同特征与动力学分析

3.5.1 三次制度变迁的共同特点

审视这三次制度变迁过程和新的制度安排, 可以发现其在导向上存在以下共性之处:

(1) 这是一个逐步去小农化的过程, 小农户在经营制度中的地位正在被削弱。在订单农业中小农户尽管处于弱势地位, 但依然是契约的一方, 其主体地位还是存在的。在农民专业合作社的实际运行中, 农民开始变为随从和帮衬。而在新型经营体系的制度安排中, 小农户却成为被替代的角色。在前两个制度安排中, 非农主体只是根据其比较优势控制农业生产的上游和下游。而在第三种制度安排中, 非农经营主体则直接进入生产领域, 进入全产业链的经营, 农民演变为农业工人。

(2) 这是一个以财政补贴为手段、运动式推进的农村社会改造过程。这三次制度变迁过程都伴随各级决策部门和政策执行部门上下联动, 各方力量协同发力的运动式推进。在这其中, 地方决策者的表现尤为突出。运动之中的主要推动力是财政补贴和各类项目支持, 以及与财政资金相匹配的考核、评价、推广示范和制度扩散活动。

(3) 从基层政府来看, 制度建设重组织架构形式而轻组织职能。无论是农业产业化、农民专业合作社还是新型农业经营主体, 政府扶持的依据主要是看组织形式符不符合形式规范, 而组织实际运作情况并没有得到足够重视。例如, 评价农业龙头企业的依据是规模, 合作社的评价依据是社员数量, 家庭农场的支持标准也是经营规模。然而, 龙头企业与农户的经济关联度、合作社运行的规范程度以及家庭农场的主体性质往往被忽视。

(4) 制度需求非农化, 制度供给过剩。在这些制度变迁中, 制度安排的需求方往往并不是普通农民, 而是其他经营主体, 同时制度供给者的动力中掺杂了过多的非农因素。无论是农业产业化、农民专业合作社还是新型经营体系，这些制度供给的共同目的是激活农业生产要素、提高农业产值和增加农民收入。然而，政府实现目的的手段却是依靠非农民主体，期望他们能够带动农民达到想要的结果。这种格局导致了异常非农民经营主体获得了一系列政策，而绝大部分普通农民需要的政策却供给不足的现象。

3.5.2 制度变迁的动力学分析：中间扩散、政治创租与既得利益集团

自 20 世纪 90 年代以来，中国农业经营制度变迁的过程比较符合经典的制度变迁理论：制度不均衡背景下，初级行动团体发现潜在利润，当新的制度安排带来的收益超过新制度产生的成本或者旧制度安排的成本高于新制度安排的成本时，制度创新就可能发生①。这是一种比较经典的诱致性制度变迁路径。一般而言，这种变迁路径能否延续还要取决于政治企业家能否将这一制度创新转变为正式制度安排，而这个已经延伸到林毅夫的强制性制度变迁理论。在林毅夫看来，由于"搭便车"问题的存在，如果诱致性创新是制度安排的唯一来源的话，那么一个社会中制度安排的供给将少于社会最优。按照税收收入、政治支持以及其他进入政治企业家效用函数的商品来衡量，只要强制推行一种新制度安排的边际收益大于等于其边际成本，政治企业家就有动力采取行动弥补制度创新的供给不足②。

尽管经典的制度变迁理论大致可以解释中国农业经营制度变迁的过程，但还有一些问题解释不了，例如为什么会出现诱致性制度变迁向强制性制度变迁过渡，为什么会出现去农民化现象，为什么会出现制度供给过剩问题。尤其是制度过剩问题一直都是经济学家不太关注的问题，即使深谙中国制度环境的林毅夫，其强制性制度变迁理论所要解决的问题也是制度供给不足问题。杨瑞龙（1998）提出的"中间扩散型制度变迁方式"的理论假说可以较好地解释中国农业经营制度变迁的类型转化问题，而卢现祥（2000）关于制度变迁中制度供给过剩的创

① ［美］罗纳德·H. 科斯等. 财产权利与制度变迁：产权学派与新制度学派译文集［M］. 上海：格致出版社，2014.

② Lin, Justin Yifu. An Economic Theory of Institutional Change：Induced and Imposed Change［J］. Cato Journal, 1989, 9（01）：1-33.

新性分析可以用来解释去农民化现象和制度供给过剩问题。

　　杨瑞龙"中间扩散型制度变迁方式"理论假说特别强调地方政府在制度变迁中的特殊作用。随着放权让利改革战略和财政"分灶吃饭"体制的推行,地方政府具有了独立的行为目标和行为模式,从而在向市场经济的渐进过渡中扮演着主动谋取潜在制度利润的"第一行动集团"的角色。作为沟通权力中心的制度供给意愿与微观主体的制度创新需求的中介,地方政府为了自己的利益就有可能突破权力中心设置的制度创新进入壁垒,从而使权力中心的垄断租金最大化与保护有效率的产权结构之间达成一致。尽管该假说主要讨论的是中国市场化改革中的制度变迁问题,但中国农业经营制度变迁应该是支持该理论的最合适案例。无论是农业产业化经营、农业合作社还是新型农业经营主体,它们能从微观主体自发创新升格为政府主导创新模式,无不是地方政府推动的结果。在这个过程中不乏地方政府突破权力中心授权界限的案例。地方政府通过突破进入制度创新壁垒获取制度收益的能力与其谈判实力有关,而这种实力又与当地的经济发展水平及体制环境有关。自作主张的制度创新一旦取得理想收益,而且这种收益也可以增加权力中心的垄断租金时,权力中心就有可能改变自己的目标函数。这里存在一个问题:为什么地方政府愿意将新制度安排推介给权力中心,而让其他地区免费享受制度创新收益呢?其原因在于这样做除了获取政绩收益,还可以获得更多的财政收益。按照中国目前的行政管理惯例,任何一次制度创新的推广都会配套一定的财政转移支付,这在一定程度上可以缓解地方政府的财政约束。

　　当基于地方的制度创新变为权力中心主导的制度供给时,制度供给过剩就可能会出现。卢现祥认为,在强制性制度变迁中,一般会出现实际制度供给与意愿制度供给的不一致。强制性制度变迁并不是建立在一致同意基础之上的。当强制性并不强时,地方政府往往就"修正"上级的意愿制度供给,并使这种制度更适合自己实现利益最大化原则。例如,在农业产业化龙头企业的认定与评估中,尽管权力中心有明确的标准,但地方政府为了获评更多的国家级龙头企业,往往对当地龙头企业的不规范问题"睁一只眼闭一只眼"。

3.6 可喜的转变：决策层面对小农户认识的调整

党的十九大报告提出，要健全农业社会化服务体系，实现小农户和现代农业发展有机衔接。这应该是改革开放以来中央文件第一次系统地对小农户的特别关注。也是几十年来去小农户化农业经营制度演化中的一次纠偏。其转变背后的原因有两个：第一，农业经营政策实施负面效应的影响。2008年以来中国农业规模化投资浪潮催生出一大批的规模化农业投资项目，几乎每个县都有一些典型的示范主体。目前，这些典型主体中可以持续运行的很少，特别是近两年民间融资困难，不少经营农业的企业或个人破产，"跑路"的例子不断出现。那些对项目融资和土地流转提供了担保的地方政府面临着较大的社会压力。经过十年的运作，政府和社会各界也认识到规模化农业投资存在的巨大风险和不确定性。对农业家庭经营的优势、小农存在长期性的认识进一步深化。项目组于2013年和2017年两次在山东省进行农业部门领导干部访谈，发现基层领导干部对规模化农业投资的认识有了巨大转变，头脑发热的人少了，客观看待小规模农户的人多了。

导致中央政策转变的另外一个因素就是业内同行的贡献。在农业投资热的那几年，国内有一批学者旗帜鲜明地反对去小农户化的农业导向，像贺雪峰、叶敬忠、徐勇、邓大才和笔者本人都发文对当时的农业政策提出质疑。特别是贺雪峰教授持之以恒地批判对小农户的污名化，反复不断地强调小规模农户的意义和存在价值。2017年3月6日，北京大学中国国家发展研究院的姚洋教授在《北京日报》发表了《小农生产过时了吗》的文章，对小农的优点和保护的必要性进行了阐述。该文引起了中央领导的高度关注。

但是，到底这种导向能持续多久也是值得关注的。早在2001年，中央发布的18号文件指出，工商企业投资开发农业，应当主要从事产前、产后服务和"四荒"资源开发，采取公司加农户和订单农业的方式，带动农户发展产业化经营。农业产业化经营应当是公司带动农户，而不是公司替代农户……为稳定农业、稳定农村,中央不提倡工商企业长时间、大面积租赁和经营农户承包地,地方也不要动员和组织城镇居民到农村租赁农户承包地。该文件明确规定了其他经营实体与小农户的关系。在压力性行政管理体制下,基层政府在政策执行中轻农户重企业,轻小户重大户是有其利益动机的,没有系统的政策体系,对小农户的关注与支持可能难以持久。

4 "去小农化"的国际背景与启示

4.1 规模化农业投资热的再次兴起

2006 年以来，国际粮食价格开始快速上涨，特别是在 2007~2008 年达到名义价格的历史峰值。不少粮食自给能力不足的国家对国际市场的稳定性产生了怀疑，开始着手寻找农业投资地，以生产满足本国需求的粮食和其他基础农产品。同时，农产品价格的上涨使农业具有了一定的盈利能力，加之 OECD 等国际组织预测未来农产品价格还会保持高位，不少农业企业开始扩大经营规模以图获取经济利益。此外，金融市场的萧条使一些投资者将关注点投向了待开发土地资源丰富的发展中国家，他们通过租赁或购买的方式占据大量土地资源以获取投机收益。在诸多因素影响下，农业投资在沉寂几十年以后再一次成为国际经济领域的重要活动，土地需求者与前几十年相比有了明显增加。在上述背景下，一些新兴国家开始进军跨国农业投资领域，被国际社会关注的国家有韩国、海湾地区的国家（如沙特阿拉伯、阿联酋等）、中国和印度等。

跨国农业投资并不是新鲜事物，日本、欧洲诸国和美国等国从 19 世纪或 20 世纪就开始进行大规模的跨国农业投资了。这些投资活动主要是为了获取工业化所需要的棉花、橡胶、食糖等工业原料和食物（Freeman 等，2008；Suret - Canale，1964）。实际上，农业跨国投资活动从殖民地时期就已经开始了。当时，殖民者在殖民地的主要目标就是利用当地廉价的劳动力甚至奴隶获取农产品和矿产资源。参与投资活动的经济主体既包括现在意义上的跨国企业，也包括像东印度公司这样的国有企业。投资者在殖民地进行农业投资活动，获取了大量的农产品以满足本国由于人口不断增加和工业化发展所形成的食物和原材料需求，或者将农产品出口到其他国家（Jones 和 Khanna，2006；Wilkins，2008；Munro，1976）。当然，也有一些投资者的发展目标是向本地市场提供农产品以获取经济利益，但这样的投资比例较低。

"二战"后，农业领域的跨国投资与其他产业相比增速放缓，不过不同地区表现形式不一（Twomey，2000；Tsakok 和 Gardner，2007）。总的来看，"二战"后纷纷独立的原殖民地国家竭力发展工业，农业发展受到忽视。同时，新兴的发展中国家通过国有化等手段加强了对农业资源的控制，使外国投资者很难直接参与农业投资。在 1960～1976 年的发展中国家对外资企业国有化浪潮的运动中，农业受到的冲击仅次于银行与金融业。据联合国跨国公司中心 1978 年统计，在此期间共有 272 件外国农业企业被没收的案例，而金融业为 349 例，其他行业总共有 748 例。在南亚和东亚，大约有一半的外资企业没收案例发生在农业领域。

从 20 世纪 80 年代早期开始，外国投资者在发展中国家获取土地的难度越来越大，这就直接影响了农业的跨国投资（Rama 和 Wilkinson，2008）。这种趋势使原有投资企业不得不将重新调整产业结构，逐渐向产业链的上游（农资供应和技术指导）或下游（贸易、加工和零售）转移。例如，在中南美地区，投资企业逐渐从香蕉种植领域转向技术咨询和市场服务（Striffler 等，2003）。此后，订单农业成为跨国投资者参与农业产业的重要形式，这种经营形式主要存在于高价果蔬、有机产品、香料、鲜花、茶叶、烟草、制种等质量敏感领域（Bijman，2008）。这种变化既是东道国政策变化的结果，也是国际投资者参与国际价值链分工的结果，他们越来越向具有更强盈利能力的环节靠拢。

从整个 20 世纪来看，全球主要的农业跨国投资者聚集在美国、日本和欧盟诸国。经过几十年的发展，这些国家在南美、非洲和亚洲的发展中国家进行了大量的农业投资。

4.2 全球规模化农业投资浪潮的特点

与规模化农业投资不同，投资者此次从农业生产的上下游转向了中游的直接生产环节。因此，土地租赁或其他方式的土地权属交易成为此次投资的最大特点。此次投资热潮具有以下几个特点。

4.2.1 跨国农业投资的本质是国内规模化农业投资

虽然国际社会将此次规模化农业称为"跨国农业投资"，而推动此次浪潮的主要还是东道国的国内力量。现有研究显示，虽然土地转让的交易量可能非常大，但外国投资者通常只构成土地投资者的一小部分。举一个较为极端的例子：2004~2009年利比里亚出现大规模土地征购，涉及全国一半以上的农用土地，这其中只有约30%的交易涉及外国投资者，且其中大多数为长期土地特许经营权的续约（Deininger和Byerlee，2011）。柬埔寨和埃塞俄比亚涉及土地征购的农业用地比例分别达两国的18%和10%，其购买者中大部分是国内投资者，特别是自2008年以来，这一趋势更加明显（Deininger和Byerlee，2011；Horne，2011）。由世界银行（Deininger，2011）及国际环境与发展研究所（IIED）与联合国粮农组织及农发基金（Cotula等，2009）联手开展的研究表明，本国国民收购的土地在征地总面积中占很大比例，外国投资者只占了少数。

4.2.2 土地租赁租期超长租金偏低

由于很多国家不允许外国人拥有土地，因此跨国农业土地投资最常见的做法就是租赁。现有研究发现，土地转让期短的少于10年，长的可达99年，有的甚至是永久性的（Nunow，2011；Shete，2011）。对非洲8个国家进行的一项投资对比分析发现，投资期限为20~50年，通常允许续期，最高可达99年（Cotula，2011）。租地的年租金从埃塞俄比亚的不到2美元/公顷，到利比里亚的5美元/公顷，再到喀麦隆的13.8美元/公顷。有些合同规定了5年的免租金期。长期租赁与买断所有权类似，投资者几乎完整拥有所有权利，而且在越来越多的案例中，租赁者还拥有国家许可下的租约转让权。土地租赁合同中几乎没有任何鼓励投资者开发能让当地农民参与的商务模式，有时社区代表和投资者会就利益共享达成协议，但此类协议往往是口头的，即使签订了正式合同，合同中关于利益共享的安排也含混不清或不够公平，没有充分规定投资者的责任，更没有提及出现侵权时的赔偿程序。

4.2.3 投机性投资构成了土地租赁的一个重要力量

以低于市场价的价格长期转让大片土地会鼓励投机性购地行为。此次规模化农业投资的参与者中有一些具有明显投机动机的机构或个人，例如粮食、饲料和生物燃料的公司、养老基金管理机构、房地产集团和金融资本等。自2008年国际金融危机爆发以来，人们一直担心国际土地投资会成为金融机构投资组合中的一种新内容。对任何一种资产进行"投机"的目的都是在购买资产后期望其价值能够上升，而不是对其进行长期生产性投资规划。证据表明，很多土地交易完成后都没有后续的生产性投资，只有20%的已公布投资项目在后期真正进行了农业生产活动（Deininger等，2011）。当然，大部分土地交易没有后续投资也不完全是投机导致的，还有很多是因为其他技术问题导致的，例如，由于缺乏双边投资协议，难以确保投资者的资产安全及将收益转移出去的权利，致使本区域一些已原则上达成的关于在其他国家征地的协定最终流产（或至少出现拖延）（Hall，2011）；多数投资者一直无法完成所有租赁程序的原因是，在目前的政治形势下，要想在获得1万~3万公顷未开发土地非常困难（Andrianirina Ratsialonana等，2011）。

4.2.4 跨国农业投资地以发展中国家为主

参与跨国农业投资的国家分两个阵营，一是传统的跨国投资国，例如美国、欧盟和日本等；二是新兴投资国，例如韩国、中国、海湾国家和东南亚等国。主要投资区域分布在非洲、中南美洲和东南亚地区，还包括一部分东欧地区。例如，截至2010年，南非商业化农民协会（AgriSA）在刚果共和国收购了20万公顷土地，同时还在和22个非洲国家政府磋商（Hall，2011）；巴西农民在玻利维亚收购的土地已从1993~1994年的1.9万公顷（相当于耕地总面积约8%）增加到 2008~2009 年的 17.5 万公顷（相对于耕地总面积的 25%）；而英国有意在东欧收购土地，越南的兴趣则在老挝（Kenney-Lazar，2010）；乌拉圭邻国的农业投资者购买其大片土地用于林业开发，致使该国非国民持有土地的比例从 2000 年的 9% 上升至 2009 年的 21%。土地交易还发生在国内，有的不涉及外国政府和外国公司，有的则与外国政府和外国公司合伙收购，此类现象在印度尼西亚、巴西、印度（Levien，2011）和俄罗斯（Visser 和 Spoor，2011）都有发生。

4.3 规模化投资的主要参与者

农业投资规模状况一直不够清晰，即使是最为权威的国际机构也无法提供出较为详细的跨国农业投资数据。为了讨论跨国农业投资的规模状况，本节借助两组数据进行讨论。

4.3.1 联合国粮农组织汇总数据

尽管国际社会对跨国农业土地投资的关注度很高，但对于农业土地的具体规模却没有具体的统计，即使是 FAO 和世界银行等权威机构也只能引用新闻报道或民间机构的研究结论。联合国粮食安全委员会粮食安全和营养问题高级别专家组 2011 年 7 月提交的报告《土地权属与国际农业投资》对全球跨国农业投资规模做了一定估计。不过该数据的来源并不全面和权威。报告显示，根据众人频繁引用的数字推断，当时在中等收入和低收入国家中有 5000 万~8000 万公顷土地已成为国际投资者的投资目标。表 4-1 反映了部分研究人员对跨国农业土地投资规模的大致估算。

表 4-1 跨国农业土地投资规模估算汇总　　　　　　　单位：公顷

土地面积	分布情况	考察时间段	研究人员或机构	计算方法
250 万	埃塞俄比亚、加纳、马达加斯加、马里、苏丹	2004~2009 年	Cotula 等（2009）	根据国内研究结果系统统计

续表

土地面积	分布情况	考察时间段	研究人员或机构	计算方法
5100 万 ~ 6300 万	非洲 27 个国家	截至 2010 年 4 月	Friis 和 Reenberg（2010）	根据媒体报道系统统计
约 150 万	马里、老挝、柬埔寨	截至 2009 年	Görgen 等（2009）	根据国内研究结果系统统计
>350 万	哈萨克斯坦、乌克兰、俄罗斯	2006 ~ 2011 年	Visser 和 Spoor（2011）	媒体及网络资料
4660 万	81 个国家	2004 ~ 2009 年	Deiniger 等（2011）	根据媒体报道系统统计
430 万	巴西	截至 2008 年	Wilkinson 等（2010）	—
54.5 万	马里	截至 2010 年底	Baxtor（2011）	实地考察、政府文件
360 万	埃塞俄比亚	2008 年 11 月	Horne（2011）	实地考察、政府文件
1500 万 ~ 2000 万	"穷国"	2006 年 9 月	国际粮食政策研究所（2009）	—
>8000 万	全球	2000 年至今	国际土地联盟	根据经核实的媒体报道系统统计
1500 万 ~ 2000 万	全球	2000 年至今	v. Braun and Meinzen-Dick	根据媒体报道估计
不确定	全球	2007 ~ 2008 年	GRAIN（2008）	媒体及网络资料

资料来源：CFS，FAO. Land Tenure and International Investments in Agriculture［R］. A Report by the High Level Panel of Experts on Food Security and Nutrition，2011.

表 4-1 所列数据也只是一些粗略估计，真实的数据依然无法精确掌握。统计的数据仅是那些规模超过 1000 公项且具有一定影响力的投资项目。此外，有些估计数包括仍在磋商中的交易，也不明确区分租赁的土地和购买的土地。数据都是根据东道国国内研究和媒体报道相结合得出的。东道国国内研究往往会低估面积，因为要想获得公司或政府信息很有难度，而媒体报道则往往高估相关面积，因为有些大宗土地交易虽然在媒体上已有报道，但最终却没有变成事实，有些甚至可能被取消。由于土地交易都是在保密情况下完成，缺乏透明度（Visser 和 Spoor，2011），现实的土地交易规模很可能要比报道出来的数据大得多。

世界银行收集到的各国官方统计数据证据证明，有些国家的土地转让面积虽然低于媒体报道的数值，但规模依然很大。例如，2004 ~ 2009 年官方记录的苏丹土地转让规模中达 400 万公顷，莫桑比克达 270 万公顷，利比里亚达 160 万公顷，埃塞俄比亚达 120 万公顷，柬埔寨达 100 万公顷。据 Wily（2010）估计，当时的土地交易有 2/3 发生在非洲撒哈拉以南地区。虽然各方对于到底有多少土地在交易尚不确定，但所有资料都一致认为土地交易呈上升趋势，而且可能会持续下去。联合国粮农组织利用外国直接投资市场数据库（FDI Markets Database）分析了 2003~2011 年上半年的跨国农业投资情况，认为该时期全球跨国农业投资额为 1433 亿美元，且新增投资大幅增加。欧洲诸国是这些项目的主要投资者，投资量占比为 48%。

在非洲，最大的投资目的地是尼日利亚，英国和荷兰是其两个最主要的投资国。南非是非洲的第二大投资目的地，其主要的投资国是瑞士和荷兰。加纳吸引跨国农业投资的规模仅次于南非，其主要投资国是英国和美国。埃及是沙特阿拉伯和瑞士的主要投资目的地，而安哥拉的投资资金主要来自美国和英国。美洲的主要跨国农业投资资金主要来自本大陆，其中美国和巴西是最主要的投资目的地，其次是阿根廷、加拿大和墨西哥。来自美洲大陆之外的投资额超过 10 亿美元投资者主要有中国（41 亿美元）、瑞士（37 亿美元）、英国（21 亿美元）、法国（12 亿美元）和日本（11 亿美元）。美洲也是十分重要的资本来源地，提供了 2003~2011 年总资本量的 1/4 左右，其中一直都是全球最大的投资国，其跨国农业投资额超过了 290 亿美元，巴西、加拿大和墨西哥的对外农业投资额也超过了 10 亿美元。亚洲主要的投资国是日本（61 亿美元）、中国（47 亿美元）、沙特阿拉伯（45 亿美元）和泰国（40 亿美元）。流向欧盟的农业资本大约有 526 亿美元，主要投资目的国是俄罗斯、波兰、英国、罗马尼亚和西班牙。而欧洲最大的跨国农业投资国是英国，为 694 亿美元。

4.3.2 土地矩阵网络（The Land Matrix）

土地矩阵网络是由牛津饥荒救济委员会、瑞士开发合作署、荷兰外交部、德国经济合作发展部和欧盟委员会共同资助的一个全球土地监控网络，其组织目标是促进公开透明和负责任是农业土地投资活动。土地矩阵网络提供了一个监控涉及土地产权交易的全球农业投资数据库，这个数据库收录了该组织可以获取的有关农业投资活动的数据，包括投资国、投资者、东道国、土地转移规模等数据。

这些数据的来源渠道多元，包括国际和区域研究机构以及非政府组织的研究报告或工作论文、全球观察站网络获取的信息、实地研究项目、各地政府官方报告、相关公司网站和媒体报道等。严格地讲，土地矩阵网络提供的数据并不完全可靠，不过从数据数量来看，该网络数据有一定的代表性。土地矩阵网络根据获取的土地交易的磋商状态将土地交易分为"意向""完成"和"失败"三种类型。本书将利用它所提供数据中"完成"的土地交易项目对跨国农业投资活动进行粗略的分析，以图把握全球跨国农业投资的"脉搏"。

根据从土地矩阵网络网站下载的最新数据，2000~2013年可供查询的土地交易案例有1789个。而根据数据编号可知，土地矩阵网络已经将案例编号编到了4282号，意味着还有更多的土地交易案例并没有被纳入数据库。在1789个被纳入的案例中，有1307项是已经达成协议的交易，其中包括口头协议。这些已经达成的农业投资项目涉及的土地面积有4230万公顷，分布在72个国家。从十几年的变化趋势来看，2007年之前交易的土地规模相对较小，2007年开始交易规模明显增加，2008年达650万公顷，2011年开始交易规模明显回落，2013年的数据可能不够完整，如图4-1所示。

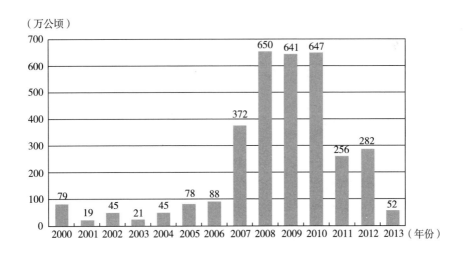

图4-1 全球跨国农业投资达成协议的土地交易量

资料来源：根据土地矩阵网络数据整理。

根据数据可以发现,跨国农业投资的东道国主要集中在非洲和中南美地区等土地资源的国家,而进行投资者除了来自美国和英国等传统投资国外,更多的是一些像中国、阿联酋、印度、新加坡、沙特阿拉伯和韩国等新兴农业投资国。需要强调的是,土地矩阵网络提供的数据并不全面,表4-2所反映出来的数据并不能反映出事情的全部。不过由这些数据可以看出,新兴投资国在现在的跨国农业投资中的确发挥了重要作用。这一点可以和FAO和联合国贸易和发展会议等官方机构的结论相印证。

表4-2　2000~2013年主要土地交易国家/地区及交易规模

目的国	合同规模总量	来源国	合同规模总量
巴布亚新几内亚	3968799	美国	5625104
印度尼西亚	3765557	马来西亚	3483173
南苏丹	3502443	中国	2545240
刚果（布）	2761858	阿联酋	2489953
莫桑比克	2381329	印度	2184122
利比里亚	1959307	英国	1679728
俄罗斯	1692252	新加坡	1422158
塞拉利昂	1464505	中国香港	1223901
阿根廷	1438655	沙特阿拉伯	1208686
柬埔寨	1309635	韩国	1201629

资料来源:根据土地矩阵网络数据整理。

对上面数据分析可以大致得出一个基本的结论:尽管国际社会在讨论跨国农业投资时往往将目光投向中国、韩国、印度和海湾国家等后起的投资国,但目前跨国农业投资的主体依然是老牌的投资国。后期投资国的投资行为之所以备受关注,除了先行者可以渲染之外,主要还是由于后行者的投资行为需要进行土地产权的交易,而先行者的交易活动很可能在20世纪就已经完成。这就意味着先行者可以利用先行者优势抬高投资门槛,限制后行者的竞争。

4.4 规模化农业投资的影响

规模化农业投资特别是跨国规模化农业投资对东道国的影响是复杂的。与其他跨国投资类似,投资对东道国资本形成、技术转让、农业的商业化和现代化发挥了积极影响。由于可获得的国家主管部门所收集或国际来源拥有的相关确切数据有限,我们很难对这种积极影响做出精确的分析。从历史上看,外国投资者对东道国的积极影响的主要途径不是直接投资于农业生产,而且通过订单农业等非股权形式参与农业发展。在多数案例中,外国投资者带来重要的技能和专门知识,促进了当地农业生产方式的转变,开拓了农民获得信贷和各类农资品的途径,促进了自给性小农融入现代市场。

然而,就这次规模化农业投资浪潮而言,投资导致的负面影响掩盖住了其发挥的积极作用。在非洲和南美洲的发展中国家,农业土地的权属存在很大的复杂性,个人或家庭获得土地完整产权的情况是很少见的。对大部分农业社区来说,土地通常附着了多重权利,例如所有权归政府,当地农民拥有习惯性使用权,但家庭或个人权属边界并不清楚。由于政府是土地、森林、水域和矿产权利的最终所有人,使用这些资源的当地居民很容易就会在几乎没有或根本没有补偿的情况下被迫离开家园。有的东道国政府会利用自己这种征地权剥夺投资所在地居民的土地权(Deininger 等,2011)。如坦桑尼亚、埃塞俄比亚、莫桑比克、柬埔寨等国甚至采取措施,确定哪些"现有"土地可以划给投资者。多数政府设立了投资促进机构,为投资者提供"一站式"便利服务。

土地征用或租赁在一定程度上侵害了原居民长久拥有的习惯性权益。例如,将林地变成单一作物种植园就使妇女无法继续获得水和薪柴等关键资源。妇女还无法获得她们供自身生存或出售的其他产品,从而失去收入,被迫承受更大压力,并不得不费力去寻找替代生存方式。大型土地交易不仅涉及国有土地,而且涉及大大小小的私有土地。一些有地的国内精英通过设立合资企业或签订租赁协议积极与国内或国外投资者合作。由于对土地的需求在不断增加,对重新分配型土地改革的需求也变得越发迫切，特别是在土地的获得、掌控和占有方面存在高度不平的巴西、哥伦比亚、菲律宾和印度尼西亚等国。由于农地需求旺盛，这些国家的有地精英阶层对重新分配型土地改革持有更加持抵制态度。近年来，一些试图通过基于市场的土地改革来实现重新分配的努力都以失败告终，土地的不公平分配得到固化。

第二次世界大战以后，跨国农业投资也会偶尔引发侵害当地居民土地权益的时间，但21世纪以来的投资热潮引发的问题显然要大得多，一度引发国际社会关于"新殖民主义"的讨论。这些批评是从一个标志性事件开始的。2008年，韩国大宇集团与马达加斯加政府签署合作备忘录，马达加斯加政府原则同意将130万公顷土地长期出租给大宇集团用于种植棕榈树（30万公顷）和玉米（100万公顷）及其产品加工和出口，租期为99年。据美国政府估计，大宇集团在马达加斯加租用的农田约占马达加斯加可耕地面积的一半。上述项目曾被一些媒体大势炒作，引起了马达加斯加反对党和民众的普遍不满，并导致马达加斯加政府在2009年1月倒台，最终由反对派组建的临时政府全面废除了与大宇集团的合同。

自那之后，这种在海外进行农业投资的趋势得到了世人的重视。包括知名非政府组织如乐施会（Oxfam）在内的批评方指出，这类交易是一种新殖民主义形式。2011年2月在达喀尔召开的世界社会论坛期间，"农民之路"组织和西非农民和农业生产者网络，在食为先信息及行动网络国际协会（Foodfirst Information and Action NetworkInternational）等其他组织的协助下，推动通过了《达喀尔反土地掠夺请愿书》。2011年2月至6月，500多家民间社会组织签署了《达喀尔请愿书》。这些组织还呼吁各国政府立即停止大规模土地掠夺行为，归还所掠夺的土地，并请求"各国、各区域组织和国际机构保障人民拥有土地的权利，支持家庭农业和农业生态建设"。

为了规范所谓的"土地掠夺"和各国在农业用地治理中的行为，国际社会发起了旨在规范各国土地权属治理和农业国际投资的行为准则的努力，由此形成了长达数年关于《国家粮食安全框架下土地、渔业及森林权属负责任治理自愿准则》和《农业和粮食系统负责任投资原则》的争论与磋商。两份文件中，前者由粮农组织牵头，并与成员国、民间社会和其他联合国机构合作制定，后者由世界银行、联合国粮农组织、国际农发基金及联合国贸发会议共同制定。从发起方的意图来看，两者是一个问题的两个方面，前者针对国内土地权属管理的制度安排，后者针对具体的农业投资活动，两者在农业国际投资影响到土地权属问题上交会在一起。

2012年5月11日，世界粮食安全委员会第38届特别会议审议通过了《国家粮食安全框架下土地、渔业及森林权属负责任治理自愿准则》（*Voluntary Guidelines on the Responsible Governance of Tenure of Land，Fisheries andForests in the Context of National Food Security*）。2014年10月，世界粮食安全委员会批准通过了《农业和粮食系统负责任投资原则》。两份文件的出台可能在一定程度上对规模化农业投资形成约束，但它们在多大程度上起作用是不确定的。农业土地治理和农业投资是一个国内活动，国际社会文件能否真的会对主权国家和利益集团形成约束是值得怀疑的。

4.5 启示：土地确权的意义

4.5.1 赋权是保护农民的必要因素

发生"土地掠夺"的国家虽然分布在不同的大洲，但都有一个共同的特点，即缺乏有效的农户土地权益保障制度。在一些非洲、中南美和亚洲国家，土地的社区共有制具有一定的社会功能，但是公有制也可能使农民在现代化的过程面临土地权益丧失。赋予农民稳固的土地权益，明确农户土地权属边界对转型国家有着十分重要的意义。

毋庸置疑，当前的土地确权工作是不完美的。据笔者调查，土地确权工作主要存在以下几个问题：一是确地不准，农户实际耕种土地与经营权证标注的块数和面积不一致（主要是由农户自主开荒或二次延包时合同标注不准导致的），不少农户不接受确权结果，有的干脆在权证上手动添加未确地块。二是激化了历史沉淀的矛盾，特别是在那些农户之间界限不清的地块上。以前东家占用西家一厘地，西家可能不在意，现在要永久性地明晰边界了，西家肯定会锱铢必较。虽然以前调地时也认证丈量了土地，用石灰打了暗橛，但由于当时测量技术比较粗糙，或者多年翻地导致暗橛消失，确权时不可避免地会引发一些争执。三是工作推进太仓促，相应资金配套不匹配，村干部和乡镇干部工作积极性受到影响，一些地区的技术力量也跟不上，这都在一定程度上影响了土地确权工作的效果。四是一些"城郊村""城边村"甚至事实上的"城中村"因为人地关系变动积累了一些矛盾，土地确权使未来的冲突提前集中爆发，造成了一些工作困难。

尽管存在这样那样的不足和工作瑕疵，但在笔者看来，土地确权工作依然是改革开放以来最伟大的农村制度变革，它构成了中国社会现代化的内核之一，为未来三十年农村社会大变革奠定了制度基础。

1980年前后的农村改革使中国再次回归到农业经营的正常模式，但就当时建立的土地制度而言，它与封建制下西欧的租佃制度有很多相似之处：农户（佃农或农奴）拥有土地使用权，实际所有权归政府（领主），农户（佃农或农奴）向政府（领主）上交公粮或农业税（地租），承担其他劳役义务（20世纪八九十年代普遍存在的"出夫"现象），生产决策受政府（领主）干预；早期农民依附于户口（佃农或农奴身份）且不允许进城（佃农和农奴不允许离开庄园），后期才逐渐获得一定的经济自由；改革的早期村集体频繁地调整土地，土地使用权十分不稳定（庄园主每年都让佃农进行轮耕，佃农每年耕种的地块都不一样，今年是你的，明年就是别人的）；特定情况下，村集体可以收回发包的土地（特定情况下领主有权收回土地，驱逐佃农）。

过去40年，中国农村土地制度变革的根本特点就是帮助农民逐渐地"去依附化"：首先赋予了农民离开农村的权利，农民可以自由支配自己的劳动时间，摆脱了对土地的依附；其次获得经济自由，可以在法律允许的范围内自主选择经营品种；再次是限制村干部调整土地的权利，确立稳定的承包关系；又次是取消劳役和地租；最后强化农户的土地承包权，严格限制村集体收回农户土地。这些措施一步步地构建了农村现代经营制度的架构，稳定了农村最根本的产权制度。但是，在以农业政策为核心的农业治理模式下，土地确权以前农村土地制度缺少国家的权威背书。尽管有的地方也给农民发放了土地承包合同或经营权证，但其权威性并不强，农户、村干部和基层政府也没有太在乎这种合同的法律效力。土地确权登记以后发布的经营权证是在党中央、国务院领导下，经过中央、省、市、县、乡、村六级单位系统性动员和多年努力后颁发的，其权威性受到党中央和国务院的背书，其法律效力不可同日而语。

4.5.2 土地流转不是评价土地确权的核心指标

有学者研究显示，土地确权对土地流转、农业投资和劳动力配置等农户行为的影响未达到理论预期，有人甚至认为土地确权阻碍了农户的土地流转，不利于发展土地规模经营。土地产权制度大致分几类：公有共营制、国有国营制、国有民营制和私有私营制。公有共营制主要存在于非洲、南亚和中南美洲的较为初级农村社会形态中。这种制度也分两个阶段：初级阶段是共同劳动，高阶段是家庭经营。国有国营制的典型代表是苏联的集体农庄，我国历史上的人民公社本质上也是国有国营。国有民营制的典型代表是英国，所有土地归女王，公民却占有不可剥夺的永业权。私有私营制的典型代表是美国的土地制度，个人拥有不可剥夺的土地权利。

以上这几种制度，哪个更有利于土地流转、实现规模经营呢？应该会有人认为是土地私有制。实际上恰恰相反，公有共营制更有利于将土地集中使用。在公有共营制下，社区农民共同拥有土地，一起使用土地，土地看似人人有份，实际上人人无权。那权利（力）在谁手里呢？自然是这个社区的领袖。本章所讨论的"土地掠夺"现象就是在这种制度下出现的。有钱人、本国企业和跨国公司花一点钱就可以买通社区领袖和当地官员们，很轻易地就把当地农民世代耕种的土地以很低的租金流转过来。

有研究认为，禀赋效应会导致农民在土地流转时要价更高。笔者阅读到的有关禀赋效应的实验都是针对所有权交易的，还没看到有关租赁的研究。农用地租赁与钥匙扣或者手机壳买卖有很大不同，甚至与房屋租赁、汽车租赁和机器租赁都有本质区别——土地是可以在租赁期满后被无损甚至改良后收回的。对中国农民而言，土地权利的不稳定是常态，土地被收回的危险一直都是悬在空中的"达摩克利斯之剑"。就算土地确权短期内能显示出什么效应，也应该是产权稳定的安全效应。更重要的是，通过简单的询问能得到农民真实的要价和出价吗？有多少农民既流入土地又流出土地？即使农民土地确权后要价提高了，就没有其他不可观察因素或者遗漏因素的影响吗？

在土地确权的背景下，后续出台的两个政策同样具有极大的战略意义：一是2019 年 11 月由中共中央、国务院发布实施的《中共中央　国务院关于保持土地承包关系稳定并长久不变的意见》（以下简称《意见》），《意见》明确规定，第二轮土地承包到期后应坚持延包原则，不得将承包地打乱重分；二是正在全国58 个地区试点的农村土地承包经营权有偿退出制度。第一个政策确保了农户承包地未来三十多年的稳定，有土地承包经营权证的加持，农户的权利可以得到最大的保障；第二个制度为农民有偿处置土地提供了可能，一旦农民稳固地拥有了这个权利，那么中国农村土地制度的现代化就算完成了，中国社会的现代化也就具备了一个根本性内核。

土地确权钳住了基层政府和村干部伸向农户土地的"手"，改革是要基层领导干部和村干部自己革了自己的"命"。在上级部门经费配套不充足的情况下组织削弱自己权力的改革，还要面临各种冲突，解决各类麻烦，抱怨是完全可以理解的。

5　中国农业经营制度改革相关的
三个理论关系

在中国农业经营制度的讨论中，有几个理论问题一直影响着农业经营制度的改革，同时也引发了诸多争论。这些问题主要包含了几个关系：经营规模与农业生产的关系、劳动力老龄化与农业生产的关系，以及农户的兼业化与农业生产的关系。

5.1　经营规模与农业生产

5.1.1　规模经济的内涵与原因

规模经营的问题一直是学术界和政府部门关注的热点问题之一，在讨论这个问题之前需要厘清"规模经济"和"规模报酬递增"之间的关系。规模经济是指随着产量增加平均成本递减的现象。规模报酬递增是指在给定生产函数的前提下，当生产要素投入数量同比例增加时，产量以更大比例增加的现象。规模经济的直观表达形式时随着产量的增加，厂商的平均成本是递减的。它刻画了企业产量增加时生产效率提高这种现象。而规模报酬递增同样也反映了投入产出比的提高，但是它的假设更为严苛，即所有投入要素同比例变动。现实中，这种现象几乎是不存在的。鉴于要素价格的变动性，在产量提高时，要素之间发生一定程度的替代很普遍。因此，规模报酬递增仅可用于理论分析，而规模经营却有着现实分析的意义。

我们强调规模经济和规模报酬递增的区别并不能否认两者之间的关系。规模经济和规模报酬都是厂商生产技术的一种呈现，如果技术显示出规模报酬递增，那么成本增长的幅度会小于产量增长的幅度，则厂商的平均成本会下降。因此，规模报酬递增是规模经济的原因之一。不过从根本来看，规模经济产生的原因是由于企业生产中存在不可分的生产要素导致的。不过想用规范的经济学理论讨论这一机理也不是很容易的。从理论来看，规模经济描述的是长期中厂商的行为，但长期中又假设所有要素可变。因此，要理解不可分要素导致的平均成本降低还需要从短期生产来分析。图 5-1 中左侧刻画的是短期中厂商的各类成本，AC 曲线之所以在 AVC 曲线开始上升时依然可以保持一段时间下降，是因为 AFC 是持续下降的。当 AVC 曲线上升带来的影响小于 AFC 曲线下降的影响时，AC 曲线依然可以保持下降。

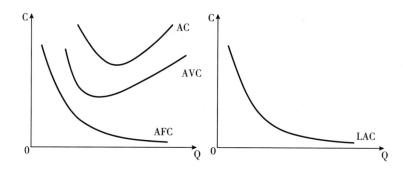

图 5-1　平均成本的递减

图 5-1 中右侧反映的是长期平均成本曲线递减的现象，即所谓的规模经济现象。产生规模经济的表现形式有两个：一是外在经济，即由于行业规模扩大导致的生产要素价格下降从而导致的厂商平均成本下降；二是内在经济，即由于厂商内部机制导致的成本下降。外在经济与本书讨论的主题关系不大，故而不再讨论。长期来看，企业生产的所有投入要素都可变，但就某特定阶段看，劳动力和原材料等要素是连续投入的，而机械装备是一次性投入的，生产中必然伴随连续要素和离散投入不可分要素结合的过程。另外，可以从技术层面上解释规模经济的因素就是"学习效应"，即随着企业规模的扩大，生产分工深化，工人在不断增加的生产中提高了专业化水平和熟练程度，进而提高了劳动生产力。此外，现

实中规模扩大可以提高厂商在原料采购时的议价能力，从而可以以较低的成本购买原材料，这也可以降低企业的生产成本。

5.1.2 适度规模经营的理论基础

适度规模经营指的是在既有条件下，适度扩大生产经营单位的规模，使土地、资本、劳动力等生产要素配置趋向合理，以达到最佳经营效益的活动。虽然适度规模经营中存在"规模"一词，但其理论基础不应该是"规模经济"或者"规模报酬递增"。因为大量的理论与实证研究证实，农业生产中的规模效益可能并不存在，即使有也十分微弱。

产生规模报酬递增（或者内部规模经济）的核心是某些要素的不可分性。像联合收割机、脱粒机和大型拖拉机之类的农业机械均属于大型投入，只有在大面积土地上工作才能把单位成本降至最低。但是，农业生产的多数要素投入如土地、人力、化肥等都是可分的。那些不可分的要素如联合收割机也可以通过市场租赁变成可分的。小农可以在不需要自己购买机器的情况下通过租用机器或雇用机器服务来享受机器带来的规模效益。目前，中国大型农机设备的社会化服务十分有效，麦收和秋收季节可以看到农机作业队从南到北的流动。因此，农业生产不具备经济学意义上的规模报酬递增（或者内部规模经济），多数对农业生产函数的经验研究也证实了这个结论。农业生产领域基本上是完全竞争的，行业规模扩大带来的外部规模经济能够为所有从业者共享。当然，如果某一个农业生产中具有很明显的规模优势，那么他在农资采购上可能会具有小农所不具备的市场势力，但这种现象在目前的中国还不明显。毕竟中国还不具备出现超大规模农场的可能性。总之，农业生产领域的规模经济可能并不明显。

就适度规模经营而言，真正有价值的理论应该是土地的边际报酬理论。最早关注土地报酬递减规律的是威廉·配第，他发现一定面积的土地生产力有一定限度，超过该限度后土地生产物的数量就不会随着劳动的增加而增加。18世纪，法国的杜尔阁和同时期英国的安德森对该问题进行了详细的表述。马尔萨斯和李嘉图也分别根据土地报酬递减理论发展了自己的人口论和地租理论。特别是李嘉图，他曾断言如果在同一块土地上连续追加投资，总收获量（此处为边际产量）不是依次递减而是递增的话，那么社会对农产品的全部需求可在优等土地上连续追加投资而获取。用新古典经济学的语言来阐述这句话就是：如果对土地的投资边际报酬不是递减的，那么人们就可以用同样一块土地养活全人类。现代主流经济学教材一般会利用总量曲线、平均产量曲线和边际产量曲线来刻画土地报酬递减规律。

假设在农业生产中，单位土地的总产量是投入变量资源（L）的函数，那么土地总产量（TP）、边际产量（MP）和平均产量（AP）之间的变动关系如图5-2所示（具体分析过程详见一般的经济学原理教科书）。随着投入变量资源（L）的增加，单位土地的报酬会发生增减变化。变化过程可以分为三个阶段，在第一阶段，由于投入变量资源（L）不足，变量资源（L）与固定资源（土地）的配合比例在数量上前者少而后者多，不够均衡协调。虽然边际产量大于零且大于平均产量，但资源利用和生产潜力的发挥很不充分，因而其总产量仍有提高的空间，故不能视为合理的资源利用和生产阶段。而相反，第三阶段的资源配合比例在数量上投入的变量资源过多，超出了土地的受容力，产出效果反映在边际产量上就出现负值，因而也不能认为是合理的资源利用和生产阶段。而只有在第二阶段，投入的变量与固定资源的配合比例在数量上较为接近而适应，且每次增加的投入资源都带来了总产量（总报酬）的增加。因此，合理利用土地和投入变量的适应范围，必当落在第二阶段之内。如果将投入变量资源L换为资本品K，图5-2不会发生变化。也就是说，单位土地面积上的资本投资变动所带来的出产量变动轨迹也是一样的。

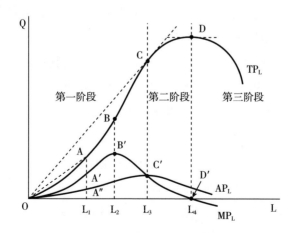

图5-2 土地报酬三阶段曲线

土地边际报酬递减规律的本质是可变要素的报酬变化规律，它反映了土地作为不变要素时，土地报酬与可变要素（如劳动或资本）之间的关系。它的存在有一定的前提：一是技术不变，二是其他投入要素不变，三是投入量达到一定水平以后才会出现边际报酬递减。这就意味着边际报酬递减规律只能适用于一定时间和一定约束条件下，不能适用于人类生产的历史过程。

微观发展经济学的经验研究早已发现了一条规律，即土地单位面积产出随着农户经营规模的扩大而下降。这个结论有着十分坚实的经济理论基础（Sen，1962，1966；Bizimana 等，2004）。当我们将劳动力确定为不变要素，土地面积设定为可变要素，在其他条件不变时，随着土地面积的增加，土地的边际产量必然会出现递减的趋势。具体分析可以参见图5-2，只是需要将劳动力和土地的角色调换一下。也就是说，随着生产者经营土地面积的扩大，单位面积的产量会出现递减。但这并不表示为了提高总产量，单个生产者经营的土地面积越小越好。因为在边际产量出现递减之前还有一个边际产量递增的过程。在其他条件不变时，边际产量递增必然伴随着边际成本递减，边际成本递减也会使平均成本递减。而平均成本递减则是规模经济的主要技术特征。

也就是说，如果非要给"适度规模经营"找一个理论基础的话，这个理论基础不应该是规模报酬理论，因为"适度规模经营"强调的是土地面积增加而劳动者不需要增加。规模经济虽然可以刻画"适度规模经营"的特征，但经验研究并没有证实农业生产领域存在这个现象。所以真正可以解释"适度规模经营"必要性的理论只能是我们上面讲到过的生产要素配合原理。即在现有技术水平和市场条件下，劳动力与土地之间存在一个合理的配置比例，而我国目前的人地结构还远远达不到这个比例。为了发挥土地的生产潜力需要减少单位土地面积上的劳动力投入，而这个过程就是"适度规模经营"。

5.1.3 经营规模对农户生产的影响：一个检验

根据前文的理论分析，对中国而言，适度规模经营的合理区域应该在农户生产第一阶段向第二阶段转变的过程中。那么随着农户经营规模的增加，耕地单产水平应该呈现出先增加再降低的过程。为了检验这一假说，本书研究团队对山东小麦种植农户数据进行了实证研究。数据来自课题组 2014 年 8 月和 2015 年 2 月对山东省5个县的入户调查，剔除掉存在缺失值的个体，样本容量为836。

本章模型的被解释变量为2014年农户的小麦单产水平。参考前人研究成果（黄云鹏，2003；许庆等，2011；刘婧和王征兵，2012；吕挺等，2014；顾天竹等，2017；刘婧等，2017），本书选取村庄、农户个人、家庭结构和农业经营四类特征变量作为解释变量。村庄特征变量包括地形和距离，距离采用开私家车到县（市、区）中心的时间来测度，具有更好的样本性质。农户个人特征变量包括年龄、性别和受教育程度等常用变量。家庭结构变量包括农户家庭劳动力人口和子女数量等。农业经营变量包括主要收入来源、主要种植作物和农地经营规模等变量。变量的详细定义和说明如表5-1所示。

表5-1　变量描述性统计

变量	变量赋值及说明	最小值	最大值	平均值	标准差
单产水平（斤）	2017年农户小麦单产水平	350	1400	844.862	196.136
地形	平原=1；其他=0	0	1	0.680	0.467
距离（分钟）	开私家车到县（市、区）中心要多久	5	60	27.616	13.693
村里是否有家庭农场	是=1；否=0	0	1	0.344	0.476
年龄（岁）	—	45	85	60.496	8.315
性别	男=1；女=0	0	1	0.705	0.456
受教育程度（年）	上过几年学	0	16	7.436	3.099
家庭劳动力人口（人）	—	1	10	4.370	1.919
子女人数（人）	—	1	5	2.184	0.828
全年外出经商/务工人数（人）	—	0	6	1.068	1.168
主要收入来源	务农=1；其他=0	0	1	0.534	0.499
农地经营规模（亩）	2017年农户农地经营规模	2	28	7.194	5.567
主要种植作物	2017年家庭主要种植作物，农作物=1；其他=0	0	1	0.852	0.356
2015~2017年是否租出土地	是=1；否=0	0	1	0.174	0.379
2015~2017年是否租赁别人土地	是=1；否=0	0	1	0.161	0.368

回归结果显示，村庄特征变量对农业生产的影响。模型估计结果显示地形对作物单产具有显著的正向影响，距离对其没有显著影响。平原地区作物单产显著

高于丘陵山区，这是符合我们的一般认知的。相比丘陵山区，平原地区地势平坦开阔，温度高、光线好，且具有更好的信息接收渠道和更高的机械化水平，作物单产必然比丘陵山区高。农户个人和家庭结构特征变量对农业生产的影响。实证结果显示，性别、年龄和受教育程度等个人特征变量对农户作物单产没有显著影响，且全年外出经商/务工人员和子女人数等家庭结构变量对作物单产的影响也不显著。与之相反，家庭劳动力人口与作物单产呈显著正相关关系。家庭劳动力人口越多，作物单产水平越高。2015~2017年租出土地上农户的作物单产水平显著高于没有租出土地的农户单产水平。一般情况下，想要租出土地的农户往往在现有农地经营规模下务农较吃力，减少规模后有利于他们精耕细作，提高务农质量和效率。

OLS回归和断尾回归模型结果均显示农地经营规模与农业生产关系呈倒"U"形，即随着农地经营规模的增加，小麦单产先增加后减少（见表5-2）。这一结论是符合微观经济学生产者理论的。根据边际报酬递减规律，生产者的平均产量随着农地经营规模的增加，最终呈现下降状态。根据OLS回归结果，小麦单产关于经营规模变化的拐点大约是10.25亩。也就是说，就本书的样本而言，当农户经营规模小于10.25亩时，随着农户经营规模的增加农户平均单产提高。当农户种植规模超过10.25亩时，规模扩大单产会降低。

表5-2　规模经营与农业生产关系实证分析结果

变量	OLS回归模型	断尾回归模型
农地经营规模	10.82* (1.70)	10.82* (1.74)
农地经营规模平方	-0.529** (-2.04)	-0.529** (-2.09)
控制变量	已控制	已控制
Sig.	—	158.8*** (22.42)
F/χ^2值	9.50***	150.18***

注：括号中的数值为t值；***、**和*分别表示在1%、5%和10%水平下显著。

5.2 劳动力老龄化与农业生产

5.2.1 农业劳动力老龄化的国际趋势

发展经济学研究家发现，随着一国经济的增长，农业增加值占 GDP 的比重会不断降低。农业增加值占比降低既是要素流动的结果，也会在很大程度上促进要素流出农业。由于资源配置的制度性障碍和资源的适配性问题，在这个过程中大部分国家农业要素流出速度要慢于产值占比降低的速度。一般而言，具有更强非农生产效率的要素更倾向于流出农业，较为弱质的要素留在了农业领域。这个规律表现在劳动力上就是年轻、人力资本多的劳动力更有可能流向其他高价值行业。因此，农业劳动力的老龄化应该是一个不可逆转的趋势。

从产业分工的历程来看，前工业化社会中绝大部分劳动力都在农业领域就业，社会分工特别是工商业的发展为劳动力的流动提供了条件。美国是较早完成工业化的国家之一，而且也是全球农业生产效率最高的国家之一。尽管其工业化进程已经完成，但在其过去 80 多年的发展历程中农业劳动力的老龄化依然是一个趋势。图 5-3 表示的是美国历年农业普查资料显示的农场主平均年龄。80 年间，美国农场主平均年龄从 46.9 岁提高到 58.3 岁。根据美国 2012 年的农业普查数据，在所有 318 万农业劳动力（含农场主）中，年龄小于 25 岁的占比为 1.49%，年龄在 25~44 岁的占比为 18.28%，45~64 岁的占比为 51.43%，65~74 岁的占比为 18.90%，75 岁及以上的劳动力占比为 9.9%，老龄化特征十分明显。

作为一个发达的工业化国家，美国农业劳动力向工商业转移的进程主要发生在 1950 年以前，20 世纪的后半阶段农业劳动力结构基本趋于稳定。表 5-3 显示的是 2012 年和 1950 年农业普查数据所呈现的劳动力年龄结构变化情况。比较两年的数据可以发现，尽管结构性的劳动力转移基本上已经结束，但农业劳动力的代际转移依然存在。与 1950 年相比，2012 年 55 岁以上劳动力占比提高了约 23 个百分点，而 35 岁以下劳动力的比例却减少了约 10 个百分点。不过，与日本和

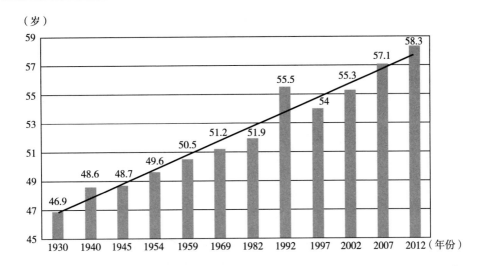

图5-3　1930~2012年美国农场主平均年龄变化

资料来源：根据历次美国农业普查报告整理。

韩国等东亚小农业经济体相比，美国劳动力年龄结构的变化过程还是比较缓慢的。

表5-3　2012年和1950年美国农业劳动力年龄结构变化　　单位：人，%

	2012 年		1950 年	
	人数	占比	人数	占比
25 岁以下	47337	1.49	163726	3.25
25~34 岁	210117	6.61	791323	15.69
35~44 岁	371153	11.67	1186918	23.53
45~54 岁	739512	23.25	1157085	22.94
55~64 岁	896181	28.18	1000350	19.83
65 岁以上	915774	28.80	744594	14.76

资料来源：根据历次美国农业普查报告整理。

　　表5-4反映的是日本自1960年以来全国农业劳动力人数以及65岁以上老人

的占比变化情况。57 年来，日本农业劳动力减少了 87%。但是 65 岁以上的劳动力仅减少了 36%。65 岁以上农民占总农业劳动力的比重由 20 世纪 70 年代的 17.8%提高到 2017 年的 66.4%。根据日本 2015 年的农业普查（最近的一次农业普查）数据，日本农业人口、农业就业人口和骨干农业从业者的平均年龄分别是 60 岁、66.4 岁和 67 岁，分别比上一次普查（2010 年）时提高了 1.7 岁、0.6 岁和 0.9 岁。平均年龄还不足以反映日本劳动力老龄化的严重程度。根据日本农林水产统计调查数据，在超过 65 岁的老龄农民中，超过 70 岁的占了很大比例，有的地方超过 85 岁的老人依然在从事农业生产。

表 5-4　1960~2017 年日本农业劳动力变化情况　　　单位：万人，%

	1960 年	1970 年	1980 年	1990 年	2000 年	2010 年	2017 年
全国农业劳动力人数	1454.2	1025.2	697.3	481.9	389.1	260.6	175.0
65 岁以上老人	—	182.3	171.1	159.7	205.8	160.5	116.2
占比	—	17.8	24.5	33.1	52.9	61.6	66.4

资料来源：根据农林水产省历年《农业统计调查》整理。

与日本相比，韩国的农业发展历程与中国比较相似。"二战"后，韩国经济发展水平与中国相仿，都是较为落后的农业国。从 20 世纪 60 年代到 20 世纪末的 40 年中，韩国经济快速增长，社会经济结构出现剧烈变化。农业劳动力在这 40 年中快速流向城市工商业，劳动力的弱质化程度快速加深。从 20 世纪 80 年代开始，韩国农村人口中超过 60 岁的老人的比例平均每年以超过 1 个百分点的速度增长。老龄化率从 1980 年的 10.5%提高到 2015 年的 50.4%。与此同时，劳动力的老龄化程度提高得更快。1970 年超过 60 岁的老年劳动力占总农业劳动力的比重仅 15.5%，到 2015 年，这个数值变成了 69.6%。这一转变在 20 世纪 90 年代表现得最为剧烈，超过 60 岁的老年农民占比在 10 年间提高了 20 个百分点。目前韩国的农业已经呈现出明显的"老人农业"特征，70%以上的农业劳动力超过了 60 岁，其中更有将近一半的劳动力达到或超过了 70 岁（见图 5-4）。

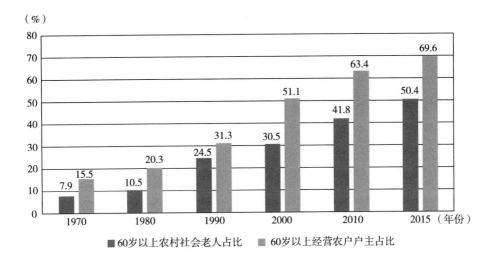

图 5-4　韩国农村 60 岁以上人口与户主比例

资料来源：韩国国家统计局（http：//kostat. go. kr/）。

作为社会发展水平最高的地区，欧盟的绝大部分国家已经进入逆城市化时期，工农差距基本消除。加之大部分欧盟国家的社会保障制度比较健全，老年农民的退休制度在一定程度上减少了劳动力老龄化。根据欧盟统计局的数据库，2017 年欧盟 28 国农业劳动力（含农场主）总量大约 1000 万人，占欧盟在职人员的 4.4%。这些农业劳动力中的 72.8% 集中在罗马尼亚、波兰、意大利、法国、西班牙、保加利亚和德国 7 国。其中，罗马尼亚、保加利亚和波兰的农业劳动力占比较高，分别是 25.8%、18.2% 和 11.0%，而德国只有 1.4%。可见欧盟内部的发展不平衡也比较严重。

根据欧盟 2016 年劳动力调查数据，欧盟 28 国农业劳动力年龄较全部劳动力年龄大一点。农业劳动力中小于 40 岁的比例为 31.8%，而全部劳动力的比例为42.4%。9% 的农业劳动力超过了 64 岁，而全部劳动力的比例为 2.4%。图 5-5 呈现的是欧盟和几个典型国家 60 岁以上农业劳动力的占比数据。从欧盟 28 国的平均数据来看，过去 10 年间 60 岁及以上农业劳动力占比保持在 18% 左右，比较稳定。英国、德国、爱尔兰和荷兰等在这个数据上呈现出明显的增长趋势，基本都有 5 个百分点以上的增长。而罗马尼亚和西班牙却呈现出一定的下降趋势。总的来看，超过一半的欧盟农业劳动力的年龄在 40～64 岁。超老龄农民比较少，65 岁农业劳动力占比超过 15% 的国家只有 6 个。其中，比较特殊的是葡萄牙和爱尔兰，为 41.6% 和 21.7%。英国是最早实现工业化的国家，其农场主的平均年龄接近 60 岁，老龄化形式也比较严重。

总之，无论是大规模经营的美国、中等规模的欧盟诸国还是小规模的日本、韩国，农业劳动力（包括农场主）的老龄化已经是一个普遍的现象。这也是社会经济结构转变的一般规律，中国自然也无法避免。

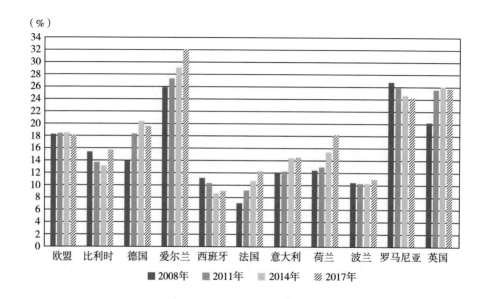

图 5-5　欧盟 60 岁及以上劳动力占比

资料来源：欧盟统计局（EUROSTAT, https：//ec. europa. eu/eurostat/）。

5.2.2　国内学界关于农业劳动力老龄化的争论

面对农业劳动力不断老龄化的这一趋势，国内学者从 20 世纪 90 年代就开始进行相关研究。那么老龄化对农业生产的影响究竟如何？不同的学者有不同的看法。

一些学者认为老龄化不利于农业生产。刘风（1990）、王伟（1993）认为，老龄化降低了劳动生产率；李旻（2009）、邹晓娟（2011）和张俊良（1992）认为，农业劳动力"老龄化"总体上不利于农业生产发展；孙慧阳（2008）、李澜（2009）和杨长福（2013）认为，老龄化不利于"三农"问题的解决，给农业现代化建设带来诸多困难；雷明全和孙小丽（2012）认为，随着老龄化的不断加速，未来"三农"问题研究的核心应该从过去的农民问题转变到农业问题上来；何福平（2010）、纪志耿（2013）、脊璐（2013）、陈敏丽（2017）认为，老龄化问题严重威胁了农业发展和粮食安全；李宗才（2007）、何小勤（2013）认为，老龄化威胁到中国农业以及社会经济的稳定和可持续发展；徐娜和张莉琴（2014）认为，与年轻劳动力相比，老龄劳动力的生产效率明显较低，老龄农户不仅主要生产要素的边际产值低于非老龄农户，而且耕种面积以及其他各生产要素的投入水平也均低于非老龄户，这说明农业老龄化严重制约着我国农业的发展；李术君和李韬（2008）认为，人口老龄化导致农村劳动力人口高龄化，难以满足现代农业产业结构调整对农村劳动力的需求，面临高素质劳动力短缺的问题。

一些学者认为老龄化对农业生产短期无影响但长期有不利影响。聂正彦和杨角（2013）认为，短期内，农业劳动力"老龄化"对农业生产没有显著的负面影响，但是在长期内，劳动力结构性矛盾会影响国内农产品的有效供给，一味地用资本替代来应对农业劳动力断层带来的挑战，可能会抬高农产品生产成本，削弱本国农业乃至国民经济的竞争，导致农业劳动力"老龄化"对农业生产会产生越来越不利的影响；杨志海等（2014）认为，劳动力老龄化对样本农户综合技术效率、规模效率具有显著的负向作用，对纯技术效率却具有显著的正向作用，但从长期来看，"老年户"耕作经验优势将逐渐消失，务农劳动力年龄越高，农户耕地利用效率越低，健康状况越差，耕地利用效率越低；周宏等（2014）认为，现阶段中国农村劳动力老龄化对水稻生产效率缺失还没有构成负面影响，但从长期来看，农村劳动力老龄化程度不断加深将不利于现代农业的发展。

一些学者认为，老龄化对农业生产没有明显影响。胡雪枝和钟甫宁（2012）认为，农村人口老龄化对粮食生产没有产生显著的负面影响；林本喜和邓衡山（2012）、周来友和仇童伟（2015）认为，农户主要劳动力的年龄对土地利用效率不存在显著影响，担心农业劳动力老龄化带来农业危机的必要性不大；席利卿等（2014）认为，老龄化对粮食生产所带来的负面影响会随着经济发展缓解；匡远配和陈梅美（2015）认为，农村人口老龄化率并不影响农业全要素生产率的增长；刘景景和孙赫（2017）、彭柳林和吴昌南（2018）认为，老龄农业劳动力暂时并没有显著影响粮食生产效率；向云等（2018）认为，目前来看老龄化对家庭生产要素投入并不一定造成实质性障碍，不必过于担忧。

还有一些学者认为老龄化对农业生产有一定好处。毛学峰和刘靖（2009）提出老龄化不等于中青年人对于农业的放弃，老龄化也不意味着"老年化"，这部分人从农业生产经验以及精力而言，可能较年轻人更具有比较优势；贺雪峰（2017）认为，老人农业有优势，老人精耕细作种粮食的亩产却一般都要高于规模经营，从而保证粮食安全，老人农业不仅不是坏事，而且应当上升为当前中国一个时期的重要战略；成德宁和杨敏（2015）、彭代彦等（2013，2015）认为，我国农村劳动力的结构变化对农业生产的技术效率具有显著影响，农村劳动力老龄化和教育提高了农业生产的技术效率；卢秋萍（2016）认为，从长期的隐性影响来看，农村人口老龄化会促进农业规模化生产，提升农业机械化水平和提高农业科技应用水平；李俊鹏等（2018）认为，老龄化促进了农业生产的诱致性技术变迁，推动了农业现代化，提高了农业生产效率，而且老龄劳动力较高的农业生产专注度和丰富的农业生产经验使其对农业产出具有正向直接影响。

5.2.3 实证检验：劳动力老龄化对农户粮食生产的影响

5.2.3.1 研究依据与研究思路

国内研究发现农户的年龄、性别、知识水平、经营能力、经营规模、沟通行为、家庭成员特征、外界联系程度等因素影响着中国农户的技术选择行为。例如，汪三贵和刘晓展（1996）发现农户技术信息获取的难度、生产水平、土地规模和户主年龄对技术采用的影响很显著。孔祥智等（2004）认为，经济状况、个人特征、价值观、家庭成员特征以及与外界联系程度都会影响其对技术的认识程度和所持态度。类似的研究还有宋军等（1998）、王静和霍学喜（2014）、左喆瑜（2016）。在现有研究中，劳动者年龄对技术采用的影响并不是最关注的变量。中国粮食生产的社会化服务体系已经比较完善，与其他作物相比粮食生产技术服务条件最为优越。如果劳动力老龄化对种粮技术采纳的潜在负面影响被现有的社会化服务体系所消除，那么老龄化对粮食长期供给能力的影响就不再成为问题。

该部分的主要目的是洞察老龄化到底对粮食应用技术有没有明显的负面影响，如果有影响，影响的路径是什么。研究的基本思路是：首先探究劳动力的年龄对其新技术认知度和接受度的影响，然后再考察新技术认知度和接受度及年龄对农户技术采用行为的影响。

5.2.3.2　劳动力老龄化对其现代技术认知度和接受度影响的研究结果

本部分所采用的数据为课题组 2015 年 2 月通过抽样调查获取的山东省粮农数据，问卷共 853 份，由于部分问卷存在缺失值，以下研究中不同问题所采用的样本不完全一致。课题组首先由农业技术专家将粮食生产过程分解成七个环节，然后再根据每个环节技术特性构建农业技术知识体系量表，并将量表列入调查问卷来测度农业劳动力的技术知识存量的现代化程度。课题组根据量表测得的结果将农业劳动力的技术知识存量的现代化程度分解为现代技术认知度和现代技术接受度两个指标。本部分的目的就是要度量劳动力的年龄对这两个指标的影响。研究分两步：第一步通过描述性统计直观考察不同年龄段劳动者的现代技术认知度和接受度的不同，第二步通过计量经济学分析探讨影响这两个变量的关键因素，特别是要研究控制其他变量后年龄对其影响。

描述性统计研究的结果如表 5-5 和表 5-6 所示。课题组将劳动力区分为 30 岁以下、30~55 岁和 55 岁以上，本部分把 55 岁以上劳动力认定为老龄化劳动力。认知度和接受度是通过量表测量结果经过百分制换算得到的，因此不同年龄段样本最小值会出现成倍数的关系。就现代技术认知度来看，55 岁以上劳动力得分最低，但是他们与 30~55 岁的劳动力几乎不存在差异。不过，年龄大的劳动力在认知度上的离散程度更大。就现代技术接受度而言，大于 55 岁的劳动者得分明显低于 30~55 岁的劳动者，而且离散程度更大。这就意味着随着年龄的增长，农业劳动力会明显地降低其对现代农业技术的接受意愿，尽管他们对这些技术的认知与较年轻的劳动者没有明显差异。

表5-5　农业劳动者现代技术认知度分年龄段描述性统计

	均值	标准差	最小值	最大值
30 岁以下	60.11	19.07	40.00	100.00

续表

	均值	标准差	最小值	最大值
30~55 岁	53.68	20.08	20.00	100.00
55 岁以上	53.65	23.52	20.00	100.00

表 5-6　农业劳动者现代技术接受度分年龄段描述性统计

	均值	标准差	最小值	最大值
30 岁以下	27.78	12.08	22.22	44.44
30~55 岁	21.17	11.31	11.11	100.00
55 岁以上	17.91	14.64	11.11	66.67

在描述性统计分析的基础上，本部分还利用计量经济学方法对影响劳动力现代技术认知度和接受度的因素进行了 OLS（采用稳健标准误）回归。其中，现代技术认知度量的是劳动力对粮食生产各环节现代技术的熟悉程度，现代技术接受度量的是劳动力对粮食生产各环节现代技术的采用程度。回归结果显示，劳动力年龄对现代技术认知度的负向影响不显著，对现代技术接受度的负向影响通过了统计学检验。由此可推测，年纪大的劳动力对陌生的技术可能并不是不熟悉，而是缺少采用的动力。这其中可能是因为采用新技术的净收益不足，也可能是年纪大的劳动力面临的约束较大。需要强调的是，在对现代技术接受度的影响因素中，耕地规模变量和代表农业专业化水平的"农业收入占家庭收入的比重"变量的影响通过了统计学检验。这一结论与其他相关研究发现基本一致，即经营规模越大，或者农业生产专业化程度越高越倾向于采纳新技术。除了这两个变量外，"年龄与受教育程度交互项"也是一个值得讨论的变量，其回归系数在第二个方程里是显著为正的，这说明单看劳动力的年龄可能对其技术接受度有负面影响，但是如果年纪大的劳动者受过较好的技术培训和指导，年龄就不再是一个关键问题。如表 5-7 所示。

表 5-7 计量经济学研究结果

	现代技术认知度	现代技术接受度
技术获取是否便利	0.269 ** (2.24)	0.260 * (1.73)
劳动者年龄	−0.00173 (−0.20)	−0.00680 * (−1.97)
受教育程度	0.0308 (0.47)	−0.0279 (−0.46)
年龄与受教育程度交互项	0.000560 (0.41)	0.000416 *** (5.34)
其他控制变量	已控制	已控制
参与回归的样本容量	714	833

注：括号中的数值为 t 值；*** 、** 和 * 分别表示在 1%、5% 和 10% 水平下显著。

总之，两种研究方法都显示，劳动力的老龄化不会对劳动力对技术的认知产生明显的影响，但是却显著影响他们的技术接受度。无论是认知度还是接受度，它们都是通过量表计算得到综合指标，还难以反映农业劳动力具体的技术采纳行为。技术分多种，老龄化是不是对所有技术的态度都是一致的，该问题也是一个值得研究的问题。

5.2.3.3 老龄化和技术知识存量对农户降本增效型技术采用影响的研究结果

本部分旨在考察影响农户降本增效型粮食生产技术采用的因素，重点关注年龄对采用行为的影响。实证研究的被解释变量为"2012~2014 年是否为提高小麦单产更换过种子"。之所以选择小麦种子而不是玉米，是因为玉米种子的市场化程度很高，农户的种子选择很容易受到市场推广人员的影响。农民对小麦品种的选择十分谨慎，只有对单产要求很敏感的农户才会冒险更换品种。而且小麦种子的市场化程度不如玉米那么高，选择的自主性更强。在调查中，课题组对玉米种子也做了类似调查，但 90% 以上的被调查者三年间更换过玉米种子，区分度不高。本部分采用离散选择模型讨论该问题，主要是因为该方法科学、成熟并且适用。

为了避免分布偏误，本部分采用稳健标准误下的 Logit 和 Probit 两种回归方法讨论农民降本增效型技术采用行为（见表 5-8）。实证结果显示：在控制其他条件的基础上，农户年龄对其新技术的采用有显著的负面影响。显著的变量还包括"距最大种子销售市场的距离""年龄与新技术认知度交互项"和"年龄与经营耕地规模交互项"三个，特别是后两个变量的意义值得关注。控制其他变量，劳动者年龄对其降本增效成本的采用有负面影响。但是，"年龄与新技术认知度交互项"影响显著意味着加强对老龄化劳动力的培训可以消除年龄增长带来的负面影响。"年龄与经营耕地规模交互项"统计上显著则意味着规模扩大，劳动力生产的专业化可以降低其技术采纳障碍。

表 5-8　计量经济学研究结果

	Probit	Logit
年龄	−0.0345 ** (−2.43)	−0.0568 ** (−2.35)
控制变量	已控制	已控制
参与回归的样本容量	573	573

注：括号中的数值为 t 值；** 表示在 5% 水平下显著。

　　如果老龄化不可避免，那么做好老龄化劳动力的技术培训，扩大其经营面积促进其专业化水平同样可以消除老龄化对粮食生产的不利影响。如果再考虑到日本农业劳动力的老龄化现状，该结论是有很强现实意义的。

　　5.2.3.4　老龄化和技术知识存量对农户生态友好型技术采用的影响研究结果

　　生态友好型技术主要体现为减肥、减药和节水技术。由于农民的粮食生产对化肥的依赖度太高，受调查的部分农户并没有减少肥料施用的动机和行为。尽管这些年政府也在推广测土配方施肥技术，但由于实施成本过高，普及率并不高。山东大部分属于地下水灌溉区，节水并不是农民考虑的主要问题。因此可供研究的就剩下了农药使用问题。本部分以"过去一年有没有刻意选择低毒农药的经历"为被解释变量，利用成熟的离散选择模型来讨论这个问题。

　　同样是为了避免分布偏误，本部分同样是用稳健标准误对被解释变量进行了 Logit 和 Probit 回归（见表 5-9）。两个回归方法的结论基本一致，说明分布对回归结果影响不大。由回归结果可知，劳动者年龄对其生态友好型技术的采用有负面影响，但这种负面影响并没有通过统计学的检验。与预期一致的是，劳动者的新技术认知度和新技术接受度对其技术采纳有显著的正面影响。经营耕地规模虽然对技术采用有正面影响，但是统计上并不显著。然而，年龄大的规模经营农户的影响是负面的，而且统计结果显著。实际上，这个结果并不出乎意料。由于市场信息的不对称，采用生态友好型技术并不符合粮食生产的经济理性。除非是自我消费农产品，否则农户采用这种技术的动力不会太强。

表5-9 计量经济学研究结果

	Probit	Logit
年龄	−0.00822 (−1.16)	−0.0132 (−1.14)
年龄与经营耕地规模交互项	−0.000231* (−1.91)	−0.000405* (−1.84)
其他控制变量	已控制	已控制
参与回归的样本容量	512	512

注：括号中的数值为 t 值，* 表示在10%水平下显著。

5.3 兼业化与农业生产

5.3.1 中国农户兼业的基本趋势

与农业劳动力老龄化问题类似，农户的兼业化也是一个全球性的普遍趋势。与劳动力老龄化不同，农业的兼业化经营更多的是农户根据农业生产的特点合理利用劳动时间以获取更高家庭收入的策略选择。农户兼业具有普遍性，在东亚的小农经济模式下，农户的农业收入不足以保障家庭生活，兼业更多的是一种生活策略。需要说明的是，兼业并不是小农经济体所特有的，其他大规模农业经营模式下的国家，农户兼业依然十分普遍。

农户兼业是农村社会经济发展的表现，从某种程度上反映了社会自由度的提高。早在 20 世纪二三十年代，中国农村社会经济结构就已经摆脱了封闭、自给和城乡隔离的现状，农户兼业已经十分普遍。在江浙的一些富庶地区，农户家庭收入中的非农产业收入比重一度超过了农业收入。自 1958 年人民公社制度和户籍制度实施以来，农村地区逐渐演化为纯农业产区，农民转化为纯农业生产者。虽然农村地区也存在一些工商业，农户也慢慢获得了一些经济自由，但农户的兼业程度几乎可以忽略不计。

图 5-6 反映的是自 1978 年以来中国农村劳动力总量及第一产业劳动力人数的变化情况。自改革开放以来，农村劳动力总量在 2000 年之前呈现出增长的态势，但 2000 年以后劳动力总量开始缓慢下降。农业劳动力总量的转变要快于总劳动力的变化，1990 年之前农业劳动力呈现明显的增加趋势，1990 年以后开始缓慢减少。进入 21 世纪以来，中国农业劳动力数量开始快速减少。2016 年农业劳动力降低到了 2.15 亿人，与高峰时期的 1991 年相比减少了 45%。劳动力总量的变化还不足以反映农户就业结构的变化，图 5-7 反映的是农业劳动力占农村劳动力的比例变动情况。改革开放之初，92.4% 的农村劳动力从事农业生产，到 2016 年这一比例降低到了 60% 左右。

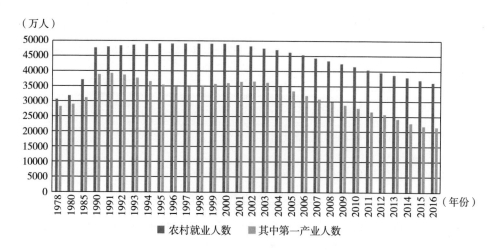

图 5-6 改革开放以来农村劳动力就业结构变化

资料来源：历年《中国农村统计年鉴》。

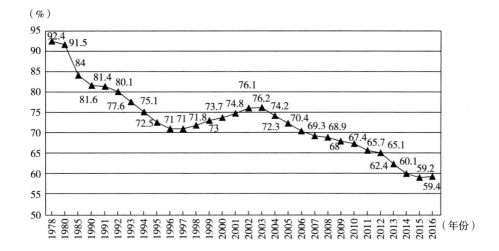

图5-7　改革开放以来农村劳动力就业结构变化

资料来源：历年《中国农村统计年鉴》。

　　用劳动力数量或占比或许也无法真正反映农户的兼业水平，因为农业生产的季节性和农业劳动投入的高弹性使单纯的劳动力统计难以体现真正劳动时间的变化。图5-8反映的是中国农村家庭平均收入中农业收入占比变动情况。1978年农户收入中的84%是农业收入，此后该比例不断下降，到2016年已经降到了26%。农业收入在农村家庭收入中的份额已经变成绝对少数。

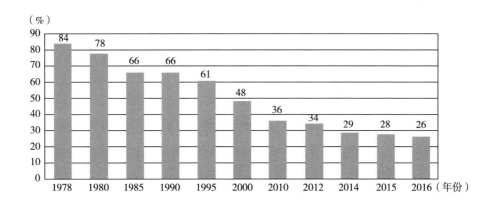

图5-8　改革开放以来农业收入占农户家庭收入比重

资料来源：历年《中国农村统计年鉴》。

总之，中国农村居民的兼业化现象已经十分明显，无论是从劳动力总量、农业劳动力占比还是农业收入占比来看，农户的非农劳动时间和收入都有明显提高。这种现象是好还是坏还需要进一步的理论探讨。仅从农户的角度来看，农业收入的多元化增加了农民收入，改善了农民生活，促进了城乡要素交流，这些无疑都是好事。

5.3.2 农业兼业化经营的相关问题综述

一般而言，农户兼业的主要目的是为了增加家庭收入。研究表明，非农兼业对农户收入分布具有重要影响（朱农，2002）。马忠东等（2004）利用多元回归分析表明，非农就业是农民收入增长的重要贡献因子，非农就业每提升1个百分点就可以带来近4个百分点的收入增长；张贵先和胡宝娣（2006）利用扩展的三变量 VAR 模型证明了我国农业经济发展虽然对农民收入增长具有短期的正效应，但不是农民收入增长的原因，农民的非农就业才是农民增长的根本原因。无论从哪个角度来看，农户兼业化经营无疑会增加家庭收入，对此学术界没有争议。

在过去20多年中，学术界关于农户兼业对农业生产效率的影响存在一定争议。有学者认为，农户兼业可以提高农业生产的技术效率，如有学者研究发现兼业化对水稻生产效率有正效应（黄祖辉等，2014）。但也有学者通过数据分析表明，农民家庭的兼业行为降低了水稻的生产效率（陈超等，2014）。鉴于粮食安全问题的重要性，学界关于兼业对粮食生产影响的相关问题也比较关注。绝大部分研究表明，农户的兼业化经营对粮食生产有负向影响（秦立建等，2011；盖庆恩等，2014；李谷成等，2015）。不过也有一些学者认为，农户兼业可以通过物质要素投入来整体影响粮食生产（钱文荣和郑黎义，2010；欧阳金琼和王雅鹏，2014）。

农户兼业化经营意味着农户在土地流转上更为保守，兼业化程度的加深意味着土地流转水平的降低。一些研究表明，兼业行为会阻碍土地流转（黄延廷，2012），也有学者指出，部分地区兼业户土地流转概率并不低于纯农户或非农户（廖洪乐，2012）。还有研究发现，兼业有助于推动土地流转（许恒周和石淑芹，2012），更大的可能是，兼业经营使农户对土地的依赖性降低（赵光和李放，2012）、土地转让的概率更高（许恒周和郭忠兴，2011；徐美银，2013）。有些学者则认为，农户兼业化对土地流转的影响要从两方面去客观看待，刘梦琴（2011）认为，农户兼业既可能使农地经营更加分散，也可能为农地经营集中创造条件，不能笼统地说农户兼业制约了农地流转和规模经营的发展。任天驰等（2018）认为，针对欠发达地区单一地认为农户兼业促进或抑制土地流转是欠妥的。

5.3.3 兼业对农业生产的影响：一个检验

本章以探讨农户兼业程度对农户作物单产的影响来体现农户兼业程度对农业生产的作用。因此，本章设定模型的被解释变量为作物单产。核心解释变量为农户兼业程度。参考其他学者研究成果（钟甫宁和纪月清，2009；李庆等，2013；郑祥江和杨锦绣，2015；钱龙和洪名勇，2016），本章选取平原和地形等村庄变量、年龄和性别等常用个人特征变量、种地补贴和农地经营规模等家庭特征变量度量三大类变量作为控制变量引入模型（见表5-10）。农户兼业程度以务农收入占家庭总收入比重来刻画。比重越大，农户兼业程度越小；反之亦然。在预调查过程中发现很多农户并不清楚小麦补贴、玉米补贴或是每亩补贴的具体金额，因此，本章以2017年种地的总补贴作为种地补贴变量引入模型。所用数据为研究团队2015年对山东小麦种植农户进行的大规模调查数据。

表5-10　变量描述性统计

变量	变量赋值与说明	最小值	最大值	均值	标准差
作物单产（斤）	农作物每亩产量	350	1400	844.862	196.136
兼业程度	兼业化程度=1-务农收入/家庭总收入	0	1	0.572	0.316
年龄（岁）	—	45	85	60.496	8.315
性别	男=1；女=0	0	1	0.705	0.456
受教育程度（年）	上到几年级退学	0	16	7.436	3.099
地形	平原=1；其他=0	0	1	0.680	0.467
距离（分钟）	开私家车到县（市、区）的时间	5	60	27.616	13.693
村里是否有家庭农场	是=1；否=0	0	1	0.344	0.476
家庭总人口（人）	—	1	10	4.370	1.919
农地经营规模（亩）	—	2	28	7.194	5.567

变量	变量赋值与说明	最小值	最大值	均值	标准差
种地补贴（元）	2017年种地补贴总额	0	3250	663.004	603.616
主要种植作物	小麦和玉米等农作物=1；其他=0	0	1	0.852	0.356
主要收入来源	务农=1；其他=0	0	1	0.534	0.499
2015~2017年是否租赁别人家土地	是=1；否=0	0	1	0.161	0.368
2015~2017年是否租出土地	是=1；否=0	0	1	0.174	0.379

实证研究显示，农户个人特征对农业生产的影响。兼业程度作为本章计量模型的核心解释变量，对农业生产具有显著的负向作用（见表5-3）。兼业程度越高，作为单产水平越低。性别和受教育程度均对作物单产没有显著影响。此外，农户年龄与作物单产水平没有显著关系。无论是将年龄单独引入模型，还是将年龄和年龄的平方项一起引入模型，年龄对作物单产水平的影响估计系数均没有通过显著性检验，村庄特征对农业生产的影响显著，地形与农户作物单产水平在1%的统计水平下显著正相关，平原地区作物单产显著高于丘陵山区，距离县（市、区）中心的远近和村里是否有家庭农场对作物单产没有显著影响。

表5-11　农户兼业对粮食产量的影响

变量	OLS	断尾模型回归
兼业程度	-67.560** (-2.08)	-68.470** (-2.15)
控制变量	已控制	已控制
Sig.	—	158.800*** (18.37)
F 值/χ² 值	7.440***	119.660***

注：括号中的数值为 t 值；***、**和*分别表示在1%、5%和10%水平下显著。

家庭特征对农业生产的影响。家庭总人口数量的增加能显著提高作物单产水平。家庭总人口越多，作物单产水平越高。种地补贴、农地经营规模和主要收入来源等变量对作物单产没有显著影响。主要种植小麦和玉米等农作物的农户家庭中作物单产水平显著高于种植其他作物的农户家庭的作物单产水平。2015~2017

年，无论是租赁过别人家土地的农户还是租出土地的农户家庭作物单产水平都显著高于没有租赁别人家土地或租出土地的农户家庭作物单产水平。

5.4　小结：农民的根本出路在于产业升级和城镇化

人们关注的规模大多是指家庭土地面积，而这是由资源禀赋决定的。只要非农就业不扩张，农业人口不减少，少数人的规模扩大改变不了国家层面上的小规模经营这一特点。因此，规模经营的发展突破口不在农业而在非农产业和社会结构演化。农业劳动力老龄化是全球性问题，日本、韩国存在严重的农民老龄化问题，美国和欧盟同样面临这些问题，这与规模大小没关系。农户兼业也是全球性现象，它是农户根据农业生产的季节特点和家庭成员的禀赋特征追求收入最大化的表现。

无论从理论上讲还是大量的实证研究来看，分散的家庭经营肯定会带来生产效率损失，对于这一点，我们认为不能也没必要否认。不过，需要强调的是，这些缺陷并不是否定家庭经营的充分依据。目前大量的实证研究都是通过对农户调查进行的，基本上都是在控制了其他变量以后看核心变量对农业产出、产值或者技术效率的影响。这些方法总体上是科学严谨的。但唯一的问题是，这些研究得出的结论只是说明目前分散的小规模家庭经营导致了效率损失。但这些研究都无法给出替代方案，因为研究本身就没有对照组。假设同时还存在人民公社或者其他大样本的规模化经营样本，同样社会和市场条件下的对比研究或许可以给出比较可靠的备选方案。

对中国而言，无论是家庭经营还是集体经营都存在不足，但家庭经营存在的这些不足是有缓解途径的。随着非农产业和城镇化的进一步发展，一系列社会制度的建立，以及中国农村人口结构的转变，现在看来很严重的问题将变得不再严重。对此，社会各界应该保持历史的耐心。

中国是典型的农业小规模经营国度，"人均一亩三分地，户均不过十亩田"是中国"大国小农"国情的真实写照。如果中国农户的平均规模不是 10 亩，而是一些欧洲国家的 600 亩，哪里还存在什么"三农"问题。规模过小，安心种地者，可以保命但不足以持家，不安心种地者，农业经营变成了副业。当然，也有一些人可以通过高价值农产品的种植获取较高的收入，但就整体而言，户均十亩难以保证农民有足以养家的收入。因此，兼业化、撂荒、农村"空心化"、"候鸟型"迁移、老龄化、留守儿童等问题全都出来了。

我们也并不是从一开始就是小规模经营的。战国时期，孟子认为当时的农户"一夫挟五口，治田百亩"。汉景帝时期，晁错也曾说当时的自耕农"五口之家，能耕者不过百亩"。在当时的技术条件下，经营规模不但不小，还达到了家庭经营能力的上限。两千年的历史当中，除了极个别时期因为豪强掠夺导致有的农民无地之外，大部分时期都是人丁不足，并不存在人多地少的资源禀赋限制，直到清中期以后。

1700~1850年，中国人口从1.38亿增长到4.12亿，增长了近2倍。在之前有记载的两千多年中，如果历朝历代的统治者都能达到清朝的治理绩效，估计1958年中国第一次人口普查的数据就不是6.02亿了，很可能是16.02亿。1850~1950年的一百年中，中国并没有出现像欧美国家式的工业革命，工业和城市人口增长不多，绝大部分人口依然挤压在有限的耕地上。1978年，中国人口增加到9.6亿，是1850年的2倍多，但国土面积并没有增加（可能还减少了），人均耕地怎么能不进一步减少！

改革开放后中国经历了人类历史上最快的工业化进程之一，由于1958年开始实施的户籍制度，中国人口迁移的速度严重滞后于经济结构转变的速度，大量人口被挤压在农村。1978年中国农村人口为8亿，到了2018年，农村实际人口还是8亿。1978年，占劳动力总量70%的2.8亿农业劳动力创造了30%的国民财富，2017年占劳动力总量27%的2.1亿农业劳动力创造了7.6%的国民财富。4.5个农业劳动力创造的财富赶不上一个非农劳动力创造的财富，你让农民怎么能不穷？

有人讲，发达国家的农民收入不是很大一部分来自政府补贴吗？给农民补贴不就可以啦。这是一种典型的政府万能主义思维。补贴农民的钱不是天上掉下来的，补贴是要有能力的。发达国家农业劳动力占比和农业收入占比相差不大，因此转移支付压力并不算大。而中国恰恰相反。根据上段提到的劳动力和国民财富比例，要想让农民达到社会平均收入，起码需要把国民财富近20%的份额以转移支付的方式拨给农民。

6 经营制度变革中的
小农认知、期望与行为

6.1 农户对农地权属认知的三次调查

6.1.1 农户对农地权属认知的三次调查

团队分别于 1995 年、2008 年和 2018 年针对农户关于农地权属的认知情况进行了专门调查,三次调查的比较可以反映出农民对土地产权态度的转变情况。1995 年的调查涉及山东省 17 个县(市、区)的 351 户农户,2008 年的调查涉及山东省 94 个县(市、区)的 437 户农户。2018 年的调查涉及山东、河南和河北三省份的 41 个县(区)的 611 户农户。

针对"你认为你自己耕种的土地归谁所有"这个问题,农户在三次调查中的反馈如表 6-1 所示。与 2008 年相比,2018 年农户认为承包土地实际上归自己家庭所有的占比为 47.3%,较上期有了 40 个百分点的提升。相比较而言,认为承包地属于村集体所有的占比大幅回落,而认为属于国家所有的比例依然很大。这一方面说明农户对土地的产权认同大幅提高,另一方面还说明农户对现行的农业政策法规缺乏了解。2008 年还有 2.7% 的受访农户认为土地归村干部所有,而到 2018 年没有受访农户再持该观点。这说明随着国家不断强化农户的土地承包权，村干部对承包地的控制能力或者干预能力在下降。1995 年的调查结果还能反映出另外一些有价值的信息。当时大约有 13% 受访农户认为承包地产权归基层政府，这反映出了当时地方政府对农户生产和土地控制能力的较大影响力。而且在 1995 年很少有农户（3%）会认为土地是自己家的，这与 2018 年大约 47.3% 的农户认为土地是自己家的形成了鲜明的对比。

表 6-1 农户对承包地的产权认知情况 单位：%

主体分类	2018 年	2008 年	1995 年
村干部	0.0	2.7	—
村集体	12.5	48.5	24.0
国家	38.7	41.2	60.0
县乡基层政府	1.5	1.1	13.0
自己家	47.3	6.4	3.0

资料来源：根据三次调查数据整理。

6.1.2 农户对稳定承包经营权的认识

农户如何看待现行的"增人不增地，减人不减地"政策既反映了农户对土地承包权的认知情况，也反映了他们对农村社区长久形成的所谓成员权的认同情况。

6.1.2.1 对"增人不增地，减人不减地"的看法

根据 2018 年农户调查的数据，受访农户所在的村中有 13.66% 的村在 2015 年以后进行过土地调整（绝大部分村是在土地确权之前进行的最后调整），有 86.34% 没有进行过土地调整。无论是进行过土地调整的村还是没有进行过土地调整的村，大部分受访农户都认为随着人口变化进行土地调整利大于弊。与未进行过土地调整的村相比，进行过土地调整的村的受访者更加认同人口土地随人口调整。我们这里必须承认这种调查应该存在一定的偏误：在家务农的农民更容易被调查到，而大量外出务工的农民会被忽略掉。这应该是认可调整土地的人比例

偏高的一个重要原因。

根据现行的《土地承包法》，只要村民 2/3 同意就可以调整土地。可是尽管大部分人认同土地随人口调整，但真正进行土地调整的村只有不到 14%（见表 6-2）。这说明问卷获得农户关于土地调整的态度并不能反映其利益诉求。认可土地随人口调整更多的是出于对成员权的认可，但真的要进行土地调整，势必会有一部分人受损。根据一般的农村家庭结构，人数变多的和变少的户数应该相差不大，要想让 2/3 的农户同意进行土地调整也不太容易。

表 6-2　农户对土地调整的看法　　　　　　　　　单位：%

		比重	随着人口变化而调整土地的做法	比重
2015 年以后村里有没有调整土地	调整过	13.66	利大于弊	84.72
			弊大于利	15.28
	没有调整	86.34	利大于弊	52.27
			弊大于利	47.73
随着人口变化而调整土地的做法	利大于弊		56.71	
	弊大于利		43.29	

资料来源：根据 2018 年农户调查数据整理。

6.1.2.2　对土地调整间隔时间的期望

2017 年，党的十九大报告更是提出了"保持土地承包关系稳定并长期不变，第二轮土地承包到期后再延长三十年"的未来农地权属制度发展方向。不过就调查的情况来看，受访农户依然有大部分希望土地能够调整。当调研员问及受访农户对未来三十年村庄土地调整期望时，有 56.17% 的农户认为土地需要随人口调整，43.83% 的农户不需要随人口调整。需要土地调整的农户人数比重比不需要调整的农户人数比重高 12.34 个百分点。需要土地调整的农户最希望十年调整一次，比重为 36.49%。其次为五年和三年，分别占比 29.73% 和 11.49%。总之，经过多年的意识形态浸染，农民的公民权意识依然比较强烈。同时，农户意识到频繁调整土地带来的不利影响，大部分人认为土地调整周期应该在 5~10 年。如表 6-3 所示。

表 6-3　农户对土地承包权期限的期望　　　　　　单位：%

未来三四十年中你们村需不需要根据人口调整土地	比重	多少年调整一次比较合理	比重	多少年调整一次比较合理	比重
需要	56.17	一年一调	5.74	10 年	36.49
		两年	1.69	15 年	4.73
		三年	11.49	20 年	6.42
		四年	3.72	30 年	0.00
		五年	29.73		
不需要	43.83				

资料来源：根据 2018 年农户调查数据整理。

6.1.3　无法避免的样本选择偏差

必须要承认的是，以上分析不可避免地存在样本选择偏差，所得结论也只具有很小的参考价值。现有文献中类似的调查还有很多。有人说，"我到村里调查了很久，和很多农民进行了座谈，他们普遍不认可'增人不增地减人不减地'的政策，大部分人和村干部希望能够定期调整土地"。

作为一个来自农村，也偶尔进行农村调查，学了一点社会统计与调查理论与方法，懂一点调查策略的人，笔者觉得此类观点不值得一驳。

对做农村与农业经济研究的人，一般的社会调查策略应该是：如果是对农业生产决策者调查，应该选择在暑假或者春节前一周或春节后两周开展；如果将全体村民作为调查总体对象，那么可以选择在春节前后三天进行调查；如果要把外出务工人员作为调查对象，那么就不需要入村，在城镇调查就可以了。

我们只能调查到留在村里的人，那些外出务工经商、白天城里或当地工厂就业的人就很难调查到。村干部总体上肯定希望自己的权力越大越好。受访普通农户和村干部希望调整土地？那为什么村民代表大会通过不了调整方案？根据现行的《土地承包法》，只要 2/3 的村民或者村民代表同意，土地就可以根据村民意愿进行调整。一方面调查显示大部分人受访者希望土地调整，另一方面调整意愿无法达成，其根本原因还是大部分人反对调整。

如果一旦样本选择偏误，这样的调查做得越多，样本量越大，偏误就越大，离总体现实就越远。

6.2 土地确权与经营权的流出

6.2.1 引言

产权主体清晰、资产归属明确是保障产权具有安全性和排他性，发挥其激励、约束、协调和资源配置功能的前提条件。正因如此，农村土地的确权登记工作一直被经济学者认为是保障农民土地权益、促进农业发展的重要途径。"二战"以后，东亚一些国家和地区农地改革的成功及其后来的跨越式发展再次强化了经济学者关于稳定产权重要意义的认识。世界银行和联合国粮农组织等国际机构陆续在一些发展中国家和地区开展了土地确权与登记政策的改革，以图改善当地的农业发展与治理状况。然而，国际农业经济学界关于土地确权与登记的实施效果却存有一定争论（Place 和 Migot-Adholla，1998）。在一些国家，由于外部力量的介入，土地确权后农户的土地产权反而变得更不稳定（Barrows 和 Roth，1990；Atwood，1990）。不少国家土地确权并没有促进土地的交易或使用权的流转，土地的细碎化现象依然严重（Haugerud，1983；Green，1987；Collier，1983；Coldham，1979；Place 和 Migot-Adholla，1998），也没有证据显示土地确权促进了农业投资（Migot-Adholla 等，1991；Place 和 Migot-Adholla，1998；Jacoby 和 Minten，2006）。这些研究大多是在改革初期进行的短期评价，而后续的长期影响研究得出的结论大致是正面的。大量的实证研究表明，土地确权和登记制度的推行降低了土地所有权或使用权交易的不确定性，促进了农业土地资源的优化配置，有利于保护农民尤其是妇女和其他弱势群体的土地权益，便于农户获得贷款和其他现代生产要素，促进了农业投资，而且还改善了社会收入分配状况，促进了劳动力的流动和农业产业结构升级（Besley，1995；Alston 等，1996；Field，2007；Deininger 等，2008；Fenske，2011；Ghebru 等，2013；Lawry 等，2016；Bezabih 等，2016；Muchomba，2017）。

自中国农村家庭承包责任制确定以来，农村土地集体所有及其实施主体的多元化造成了产权的模糊性，这使国家、集体、农民个体在产权权能上界限不清（周其仁，1994），导致农户土地产权实践充满不确定性，农地流转交易受限（姚洋，2000）。大量经验研究显示，地权的稳定与土地流转之间存在正相关关系（钱忠好，2002；钱文荣，2003；廖洪乐，2003；田传浩和贾生华，2004；商春荣和王冰，2004；黄少安和赵建，2010；黄宝连等，2012）。不过，也有研究显示地权是否稳定对土地流转影响不大（刘克春和林坚，2005；马瑞等，2011）。农村土地承包经营权确权登记颁证工作试点以来，不少研究证实土地确权会增强农户的土地流转意愿或者行为（程令国等，2016；胡新艳和罗必良 2016；付江涛等，2016；许庆等，2017；丁玲和钟涨宝，2017），也有学者认为，土地确权会对土地流转产生抑制作用。罗必良（2016）教授及其研究团队从 2013 年开始引用"禀赋效应"的概念分析产权强化对农户土地流转的抑制作用，在其 2016 年的论文中更是明确提出，农地确权在提升农户产权强度的同时，有可能因土地的人格化财产特征而强化"禀赋效应"，并进一步因"产权身份垄断"与"产权地理垄断"而加剧对经营权流转的抑制。

在中国农业政策语境下，土地流转主要是指土地经营权暂时让渡给他人使用的行为，禀赋效应是否能够作为一个恰当描述中国农户土地流转行为的理论还值得进一步探讨。此外，罗必良（2013，2014，2016）并未对禀赋效应的测算方法作说明，不同的样本和测算方法是否会导致不同的结果呢？本章利用山东省农户调查数据对以上问题进行尝试性回答。本章的其余内容结构如下：利用统计数据介绍了土地确权对受访农户产权强度及土地流转意愿的影响；讨论了土地确权禀赋效应的理论逻辑悖论并用统计数据验证了禀赋效应的总体非现实性；利用离散选择模型考察了个体层面禀赋效应出现的影响因素，最后给出研究结论和政策内涵。

6.2.2　土地确权对产权强度及土地流转的影响

自 1978 年家庭承包责任制确立以来，农户家庭承包权的强度在不断强化，但制度模糊现象始终存在，由此导致的农户土地产权的不确定性并没有消除。此次土地确权是一个从中央到村集体的一致行动，财政的投入以及县（市、区）

级政府部门对经营权证进行的法律性确认空前强化了农户的土地产权强度。为了研究土地确权对农户经营的影响，课题组在山东对农户产权强度及土地流转的影响进行了专门调查。此次调查是一个面向全山东省开展的综合性调查，一共对17个地市127个县市区的1763户主要从事农业生产的劳动力（一般为男户主）进行了问卷访谈。对调查问卷整理和核对后本书采用了其中1390份问卷，问卷有效率为78.84%。

在有效问卷中，有971个受访农户对问卷中设置的开放性问题"土地确权登记颁证工作对您而言最主要的积极影响是什么"作了回答。经课题组对所有答案的汇总（含归纳总结）显示，有57%的受访农户认为土地确权最大的积极影响是稳定了经营权。这些观点包括认为干部不能再随便调整土地，农民长期外出务工时土地不会被村集体收回，土地长期流转后还能找到清晰边界以及感觉土地永远归自己了等。有10%的受访农户认为土地确权最大的积极影响是增强了自己在土地经营中的自主权，约12%的人认为土地确权有利于增加农业投资进而有利于增加农业长久收入。此外，还有20%的人认为土地确权没有什么实质性影响，或者不清楚有什么影响（见表6-4）。无论是农户认为承包权更稳定了，还是认为生产自主性提高了，都应该是产权强度提高的表现。因此，可以确定大部分受访农户认为土地确权增强了产权强度。这个结论也可以从另外一个问题的答案得到反证。对于问卷中的"土地确权登记颁证工作对您而言最主要的消极影响是什么"这个问题，绝大部分受访农户没有作答，少数作答受访农户的答案主要聚焦于一个问题，那就是"土地难以再作调整，导致土地分配不公平"。这个答案也说明农民认识到土地确权以后经营权将更加稳定，农户的权利将增强，政府和村干部的介入能力将被减弱。

表6-4　土地确权最重要的积极影响　　　　　　　　　　　单位：%

问卷答案中涉及的主题	频数	频率
A：经营权更稳定了，解决了后顾之忧	557	57.36
B：生产自主性增强，减少干部的干预	96	9.89
C：有利于增加农业投资，增加收入	119	12.26
D：无实质性影响，或不清楚	199	20.49

续表

问卷答案中涉及的主题	频数	频率
合计	971	100.00

资料来源：根据调查数据整理。

在受访农户中，有 730 人明确回答了"土地确权对您流转出土地意愿影响是什么"这个开放性问题，其中有 321 个（约 43%）受访农户认为土地确权对其流转出土地意愿没有影响，194 人（约 27%）和 112 人（约 15%）表示愿意或更加愿意流转出土地，有 89 人（约 12%）和 14 人（约 2%）表示土地确权后不愿意或更加不愿意流转出土地（见表 6-2）。土地确权以后农户的土地流出意愿总体上是增强的，更加愿意流出土地的人要远多于更加不愿意流出土地的人。

表6-5 土地确权后农户对流转出土地态度   单位：%

答案内容归纳	频数	频率
A：土地确权对土地流转意愿没有影响	321	43.97
B：愿意流转出土地	194	26.58
C：更加愿意流转出土地	112	15.34
D：不愿意流转出土地	89	12.19
E：更加不愿意流转出土地	14	1.92
合计	730	100.00

注：统计结果根据调查数据整理。认为土地确权后愿意流出土地的总农户为306户，其中表示更愿意的有112户。因此 B 项与 C 项不存在包含关系，D 和 E 项也存在这种关系。需要强调的是，虽然该问题的目的是想了解确权对农户流转意愿的影响，但表示愿意或者不愿意流出土地的农户未必就是因土地确权才有这种了意愿表达。此处最关注的应该是那些表示更加愿意或更加不愿意流出土地的农户，他们才可能是受到土地确权影响的人。因此，认为土地确权对土地流转意愿没有影响的受访农户的占比应该远大于43.97%。

表示确权后更愿意流转出土地的受访农户中有 82 人给出了其态度变化的最主要原因（见表 6-6）。在所有原因中，土地确权使产权强度增加的影响是最大的，其次是务农收益低导致的农民离农愿望高，再次是土地流转价格上涨的激励，最后是劳动力的老龄化和体力原因。在不愿意和更加不愿意流出土地的受访农户中，有 67 人给出了明确理由，主要包括：打算自己扩大规模，种地满足自己的食物需要，流转手续太麻烦使心里不踏实，存在土地流转费上涨预期，无其他收入来源只能种地。还有 3 个受访农户认为自己不愿意流出土地是觉得自己的土地让别人种不放心。

表 6-6　确权后更愿意流出土地的农户的原因

单位：%

答案内容归纳	频数	频率
A：产权强度增加，有政策保障，解决了后顾之忧	46	56
B：种地收益低，为了获得更多渠道的收益	17	21
C：租金上涨了	6	7
D：年龄和体力因素	5	6
E：其他	8	10
合计	82	100

资料来源：根据调查数据整理。

总的来看，土地确权强化了农户的土地产权强度，对山东省农户的土地流出意愿的影响是正向的。不过，这种正向性的评价缺少细致的、定量化的证据支撑，总体的主观评价还忽视了个体层面上的意愿表达。土地确权到底会不会使农户在进行土地流转价格评价时形成不利于交易达成的心理，这依然是一个需要进一步分析的问题。

6.2.3　土地确权禀赋效应的理论逻辑悖论及其总体非现实性

6.2.3.1　土地确权禀赋效应的理论逻辑悖论

无论是从理论上分析还是从国内外的实践来看，土地确权毋庸置疑会强化农户的土地产权强度。但是产权强度增强是否会导致抑制土地流转的禀赋效应呢？这需要从两个角度进行分析。

第一，禀赋效应理论可能并不适用于分析中国的土地流转问题。所谓禀赋效应是指当个人拥有某项物品时，他对该物品价值的评价要比没有拥有之前显著提高。禀赋效应之所以产生，是因为人们普遍存在损失规避心理，也就是相对于得到等量价值的物品而言，损失带来的心理感受更加强烈（Thaler，1980）。有观点认为，如果一个人对所拥有的物品具有生存依赖性，并且具有在位控制诉求，特别是在其控制权的交易具有不均质性、不可逆性的前提下，那么，该物品的禀赋效应将尤为强烈。土地确权使农户土地的承包权强度增加，土地的人格化财产属性增强，因此会产生禀赋效应，从而会导致农民产生过高评估土地流入方意愿接受价格的倾向，进而抑制了农地流转（罗必良，2016）。中国的土地流转是农户将土地的经营权暂时流转给他人使用，这个流转并不是所有权的彻底转移，仅仅是在限定用途下的暂时转移。这种交易的损失大致包括三个方面：①流转后无法按时收回土地的损失。②租金贬值的损失。③地力折损的损失。土地确权登记颁证工作可以规避第一个损失，自由缔约下的分层租约形式可以规避第二个损失，流转中普遍存在的合约（或心理契约）控制权偏好①可以避免第三个损失。经营权的流转是可逆的，并没有导致农户在土地最终控制权上出现损失。土地经营权的实现形式是土地收益，农民持有经营权的目的是为了获利，让渡经营权同样是为了获利。农户的土地流转行为可以认定为单纯的市场活动，农户在现有约束和流转市场的发育情况下根据成本与收益的比较来选择是否暂时让渡经营权。因此，禀赋效应理论应该更适合分析物品所有权交易，而对于土地使用权的短期租赁行为其适用性要大打折扣。

第二，即使禀赋效应会影响农户土地流转，土地确权形成的安全效应也会在一定程度上抑制它的影响。按照罗必良（2016）的分析逻辑，禀赋效应出现的前提是农户土地产权强度的增强。但是，从土地流转的角度来看，农户在土地流转时面临的不确定性的降低才是产权强度增强最直接的结果。根据经典的交易成本理论，交易成本取决于资产专用性、交易频率和不确定性等因素（Williamson，1985）。其他条件不变，土地产权强度增强会降低不确定性，进而减少交易成本，从而促成土地流转协议的达成。这种机制可以被称为土地确权的安全效应。如果

---

① 农地流转契约的不完全状态会诱致机会主义行为动机，引发信任危机。出于防范对方机会主义行为的目的，农户一般在农地流转过程中会保留对农地一定程度的控制权。农户对农地控制权的偏好程度取决于农户对农地的依赖程度。如果农户对农地存在生存依赖，将农地视为自己的生存保障，那么农地在流转后能否完好无损地被收回，就必然成为农户关注的重点。因此，农户做出农地流转决策时，首先关注的并非农地流转价格的最大化，而是更倾向于选择嵌入关系情感的"礼俗"性低的地租方式，将农地流转给"自己人"，以此作为"退出之后"农地如何被使用的质量维护手段，并保留随时收回农地的权利（刘芬华，2011）。

土地确权出现禀赋效应，那么安全效应必然也会存在（即使禀赋效应不存在，理论上安全效应也应该存在），仅考虑禀赋效应对土地流转的抑制作用而忽视安全效应的促进作用可能并不客观。确权对土地流转的影响就取决于两种效应的力量对比，如果禀赋效应作为一种普遍心理不可消除，那么安全效应可能会减弱甚至消除它的影响。

6.2.3.2 土地确权禀赋效应的总体非现实性

尽管从理论来看，禀赋效应可能并不适合分析中国的土地流转问题，但土地确权后农户因为某些原因更加"惜地"的可能性是存在的。为了更好地考察这一问题，本部分继续沿用禀赋效应这个概念来度量农户土地流转的意愿。为了测算农户在土地流转中的禀赋效应，课题组根据 Thaler（1980）提出的禀赋效应定义在问卷中设置了一组问题，这些问题包括：①您家最大的一块地有几亩？②如果您现在将这块地流转给本家族的人、非本家族邻居或本村非邻居的村民，您将会向他们索要的租金分别是多少钱一亩？③如果这块地是您本家族的人、非本家族邻居或本村不熟悉的村民的，您从他那里流转过来，您愿意出的租金分别是多少钱一亩地？通过这三个问题，课题组获取了每个受访农户三组关于该块土地双向流转时所要求得到的价格（Willingness to Accept，WTA）和所愿意支付的价格（Willingness to Pay，WTP），并通过计算 WTA 和 WTP 的比值得到每个受访农户的禀赋效应值，然后计算出受访农户的 WTA 和 WTP 的均值，并测算总体禀赋效应。

表6-7为不同角度测算的禀赋效应值，表头中的"频数"为对问卷三个问题进行作答的受访农户数量，WTA 和 WTP 分别为全部受访农户 WTA 和 WTP 的均值，最小值、最大值、均值和标准误分别为所有受访农户禀赋效应值（WTA/WTP）的描述性统计量。禀赋效应的显著性检验旨在度量 WTA 均值和 WTP 均值之间是否存在显著差异，即禀赋效应是否显著不等于1。检验方法是两总体均值差异性检验，检验的原假设是两个总体的均值无差异，备择假设则是两者均值有差异。如果检验结果不能拒绝原假设，则说明 WTA 均值和 WTP 均值之间不存在统计学意义上的差异性，即总体上看禀赋效应不显著。如表 6-7 所示的统计结果大致可以得出以下结论。

表6-7 农户土地流转禀赋效应的测算结果

观察项	测度含义	频数	比率	WTA均值①	WTP均值②	禀赋效应（①/②）	最小值	最大值	均值	标准差	禀赋效应的显著性检验
全样本		693	1	545.79	543.21	1.00	0.40	2.56	1.03	0.22	不显著
其中	本家族	—	—	476.53	475.72	1.00	0.40	2.70	1.03	0.25	不显著
	非本家邻居	—	—	553.74	548.46	1.01	0.40	2.50	1.04	0.24	不显著
	本村非邻居	—	—	607.08	605.45	1.00	0.40	2.50	1.04	0.24	不显著
年龄	≤44岁	183	0.27	519.17	523.80	0.99	0.48	2.17	1.01	0.16	不显著
	45~59岁	428	0.62	559.99	556.04	1.01	0.40	2.56	1.03	0.23	不显著
	≥60岁	77	0.11	528.25	519.82	1.02	0.43	2.00	1.04	0.25	不显著
	合计	688	1.00	—	—	—	—	—	—	—	—
学历	小学及以下	201	0.30	523.71	512.54	1.02	0.50	2.25	1.05	0.21	不显著
	初中	377	0.55	550.51	551.66	1.00	0.40	2.56	1.02	0.22	不显著
	高中及以上	103	0.15	566.39	562.17	1.01	0.50	1.83	1.03	0.21	不显著
	合计	681	1.00	—	—	—	—	—	—	—	—
地形	平原	504	0.73	543.86	544.18	1.00	0.40	2.56	1.03	0.21	不显著
	丘陵及山地	187	0.27	552.81	542.30	1.02	0.48	2.25	1.04	0.24	不显著
	合计	691	1.00	—	—	—	—	—	—	—	—
务农收入	≤39.85%	328	0.50	554.38	543.00	1.02	0.43	2.25	1.04	0.22	不显著
	>39.85%	325	0.50	532.43	541.15	0.98	0.40	2.25	1.01	0.19	不显著
	合计	653	1.00	—	—	—	—	—	—	—	—

注：全样本的统计量为受访农户各统计量在三种情景下的均值；年龄以联合国世界卫生组织2017年发布的年龄段划分标准划；务农收入比以整体样本的均值为区分条件；由于问卷中部分问项答案缺少，不同口径下样本量存在差异。

    无论从哪个角度来看，农户在土地流转时WTA和WTP的均值都不存在显著差异，尽管从总体上看WTA要大于WTP，这种差异并不具有统计学意义。这个结论与罗必良（2016）的研究结果恰恰相反。罗必良测算的禀赋效应值远大于本课题组的测算结果，而且罗必良测算的标准差比较大。导致测算结果存在显著差异的原因可能有两个：一是研究对象不一致。本书研究对象仅限于山东省，而罗必良调查对象涉及多个省市，样本不一致可能导致结果不一致；二是测算的方法和角度可能不一致。罗必良参照 Kahneman 等（1990）的经典实验来测算农户土地流转的意愿价格，但并没有给出 WTA 和 WTP 测量的方法和情景，这或许会导致两个测算内涵或外延的不一致。

无论是流出土地的要价还是流入土地的出价，农户的行为都表现出显著的差序格局。以 WTA 为例，平均来看受访农户向本家族成员流出土地的要价要比向非家族邻居和本村非邻居村民流转土地的要价少 14% 和 22%。不过，与罗必良（2016）研究结果不同的是，农户的禀赋效应并没有表现出差序格局。根据现有样本的测算，本家族之间的禀赋效应为 1，非本家邻居之间的禀赋效应是 1.01，而本村非邻居之间的禀赋效应却回落到 1。无论是流入土地还是流出土地，土地租赁价格符合差序格局很好解释，但禀赋效应也符合差序格局却是一个值得深入讨论的问题。鉴于农户从龙头企业流入土地的可能性很小，本书没有考察农户从龙头企业流入土地的情况。

在本部分划分的年龄段中，只有青年人的禀赋效应均值为 0.99，其余年龄段受访农户的禀赋效应均值虽然大于 1，但检验显示它们与 1 并没有显著差异。通过相关系数检验，年龄和受教育程度在 1% 的统计水平下显著负相关，即老年人的受教育水平一般低于当代的青年人。就统计结果而言，年龄越大禀赋效应越明显。按照一般的经验研究，年龄大的和受教育年限少的农户应该表现出较强的禀赋效应，但检验结果表明受访农户在所有年龄段和受教育水平中都不存在显著的禀赋效应。

从全样本的禀赋效应值来看，丘陵山区农户的禀赋效应值大于平原地区农户的禀赋效应值，务农收入占家庭收入比重高农户的禀赋效应值小于务农收入占家庭收入比重低农户的禀赋效应值。统计显示，丘陵山区受访农户户主（或主要农业生产劳动力）年龄比平原地区同变量大 1.57 岁，受教育年龄少 0.99 年。这或许可以解释丘陵山区受访农户的禀赋效应值更大原因。按照农业收入占比分成的两组农户的年龄和受教育年限没有明显差异，但土地经营规模却差异较大。农业收入占比大于均值的农户的平均土地规模为 11.75 亩，有 30% 的农户超过了 30 亩，而且这 30% 农户的经营规模均值达到了 57.73 亩。而农业收入占比小于均值农户的平均土地规模为 6.86 亩，且仅有 1.81% 的农户达到且超过了 30 亩。目前，山东省户均耕地规模为 5.08 亩，经营规模达到 10 亩以上的农户大多应该有土地流入情况存在，经营规模在 30 亩以上就可以认定为是专业化农户。由此可以推论，通过流入土地进行专业化生产的农户更不可能出现禀赋效应，而兼业化的小规模农户更有可能"惜地"。

从总体来看，尽管农户在双向土地流转时希望得到的价格普遍大于愿意支付的价格，但这种差异在统计学意义上并不显著，也可以认为土地确权禀赋效应存在总体上的非现实性。当然，总体上的非现实性并不否定个体层面上存在禀赋效应。由表6-7可知，从全样本来看，受访农户禀赋效应最小值为0.40，最大值为2.56，均值为1.03，标准差为0.22，这意味着有95%的受访农户的禀赋效应值分布在0.59~1.46，至少有一部分受访农户的禀赋效应值显著大于1。哪些因素会影响农户的禀赋效应呢？

6.2.4　个体禀赋效应的影响因素

6.2.4.1　研究思路

在全样本下测算农户的禀赋效应的均值为1.03（见表6-7），可以检验它显著大于1。一般而言，可以认为禀赋效应大于1.03的受访农户就存在禀赋效应。但是为了严谨起见，本部分将禀赋效应值大于等于均值2倍标准差的受访农户认定为存在显著的禀赋效应，而将禀赋效应值小于均值2倍标准差的受访农户认定为不存在显著的禀赋效应。这样就可以根据禀赋效应的显著性设置二值变量，并利用经典的二元选择模型研究禀赋效应的影响因素。在剔除存在缺漏值的个体后，参与模型回归的样本容量为681，其中禀赋效应赋值为1的农户有28个，约占总样本的4.11%（见表6-8）。

表6-8　模型中的变量定义及描述性统计

	变量	变量定义和描述	最小值	最大值	均值	标准差
被解释变量	禀赋效应	是否存在禀赋效应，是=1；否=0	0	1	0.041	0.198
户主特征	年龄（岁）	—	20	76	48.85	8.145
	性别	男性=1；女性=0	0	1	0.79	0.407
	受教育程度	上到几年级退学	0	16	7.77	2.485
	土地产权强化	确权后认为产权强度增强=1；其他=0	0	1	0.69	0.463

续表

	变量	变量定义和描述	最小值	最大值	均值	标准差
家庭特征	土地质量（斤）	小麦每亩单产	400	1500	866.36	204.006
	是否租赁土地	是=1；否=0	0	1	0.37	0.483
	农地经营规模（亩）	2016年经营的耕地面积	0	200	9.19	15.059
	家庭主要收入来源	经商或打工=1；务农=0	0	1	0.84	0.368
	家庭劳动力人数（人）	—	0	6	2.44	0.823
	是否主要种植经济作物	是=1；否=0	0	1	0.45	0.498
村庄特征	地形	平原=1；其他=0	0	1	0.72	0.450
	本村离县（市）城区的距离（分钟）	开车去市区所花费时间	2	130	30.32	17.579
市场特征	土地流转市场发育度（元/亩）	租地种粮食的最高租金	200	1180	602.87	251.871

6.2.4.2 计量模型与变量选取

研究二值变量最常用的方法就是 Logit 模型和 Probit 模型，由于这两个方法应用普遍，本部分不再对它们做介绍。本部分将大于等于其均值2倍标准差的样本的禀赋效应（y）赋值为1，否则取0，而大于等于均值2倍标准差的样本约占样本总量的5%。此时，二值选择模型的被解释变量中 y=1 发生的频率非常小。此时如果采用 Probit 或 Logit 模型来进行估计，可能会产生"稀有事件偏差"，得不到有效的估计量。为了避免出现分布偏差，本部分在采用 Probit 或 Logit 模型估计的同时，还采用了"补对数—对数模型"（Complementary Log-Log Model）进行估计。考虑到模型的稳健性，本部分全部采用稳健标准误进行估计，这样就可以在得到稳健估计量的同时找到最合适的回归方法。

为了研究需要，本部分在参考罗必良（2014，2016）关于该问题的研究成果和学界关于农户土地流转问题研究成果的基础上，选取了四类变量作为解释变量：受访农户的户主（或主要农业决策者）个人特征变量，包括年龄、性别、受教育程度和土地产权强化；家庭特征变量，包括土地质量、是否租赁土地、家庭经营土地规模、家庭劳动力人数、家庭主要收入来源类型和是否主要种植经济作物，其中土地质量通过小麦单产水平来刻画；村庄特征变量，根据农业区位理论，在经过调试后，本部分仅选取了地形和区位这两个关键变量。由于地形不一，本部分中区位变量以从本村开车到县（市）城区的时间来刻画，这要比简单的"距离"效度更好；市场特征变量。当地土地流转市场的发育程度应该是一个影响农户土地流转意愿和行为的重要因素，其他条件不变时，市场化程度越深，农户的土地流转市场化倾向就越强，就越不容易出现禀赋效应。本部分以本村流转种粮食的土地的最高租金来刻画市场发育程度，该信息基本上是充分的，具有较强的信度和效度。基于第三部分的理论分析，本部分最为关注的是土地流转市场发育度和土地产权强化对农户禀赋效应值的影响，因此将它们定为核心变量，其他变量均为控制变量。

6.2.4.3　实证检验与结果讨论

表 6-9 是以禀赋效应为被解释变量的三个二元离散选择模型的回归结果。为了尽量降低变量之间的多重共线性，经过多次调试本部分最终选取了 16 个变量（含常数项）参与回归，回归结果如表 6-9 所示。

表 6-9　样本禀赋效应回归结果

解释变量	Logit	Probit	Cloglog
土地流转市场发育度	−0.012*** (−3.50)	−0.006*** (−4.37)	−0.010*** (−3.40)
土地产权强化	−3.255** (−2.33)	−1.802*** (−2.82)	−2.912** (−2.45)
年龄	3.793*** (3.58)	2.140*** (3.64)	3.230*** (3.67)
受教育程度	−0.152 (−0.90)	−0.081 (−1.10)	−0.137 (−0.85)
土地质量	0.019*** (3.65)	0.011*** (4.61)	0.018*** (3.57)
是否租赁土地	20.460*** (3.33)	10.950*** (4.06)	18.630*** (3.25)
农地经营规模	0.069*** (3.12)	0.037*** (3.89)	0.062*** (2.98)
家庭劳动力人数	2.312*** (3.66)	1.248*** (3.99)	2.113*** (3.68)

续表

解释变量	Logit	Probit	Cloglog
家庭主要收入来源	-2.182** (-2.04)	-1.111** (-2.23)	-2.117** (-2.26)
是否主要种植经济作物	-2.470** (-2.49)	-1.326*** (-2.89)	-2.233*** (-2.63)
地形	2.150** (2.04)	1.251*** (2.58)	1.834** (2.04)
本村离市区的距离	0.035 (1.08)	0.018 (1.23)	0.036 (1.18)
年龄平方项	-0.032*** (-3.51)	-0.018*** (-3.53)	-0.027*** (-3.60)
是否租赁耕地×家庭劳动力人数	-11.900*** (-3.68)	-6.439*** (-4.61)	-10.700*** (-3.48)
土地产权强化×是否租赁耕地	5.217*** (2.99)	3.006*** (3.43)	4.349*** (2.76)
常数项	-127.500*** (-3.84)	-71.340*** (-4.03)	-110.500*** (-3.92)

注：括号中的数值为 z 值；***、**和*分别表示在1%、5%和10%水平下显著。

在三个回归模型中，土地流转市场发育度和土地产权强化两个核心变量分别在1%和5%的显著性水平下通过显著性检验，而且回归系数均为负数。这说明，当其他条件不变时土地流转市场发育度和土地产权强化分别对农户的禀赋效应值产生负向影响。即同等条件下当地流转市场越深化，农户出现禀赋效应的概率越低，土地确权后认为土地经营权得到强化的农户出现禀赋效应的可能性越小，这两个结论与理论分析基本吻合。

户主特征变量中，户主（或主要农业决策者）年龄在1%的显著性水平下通过显著性检验。回归系数显示，随着农户户主年龄的增加其"惜地"的可能性就越大。受教育程度回归系数为负值，但是并没有通过显著性检验。相关分析显示，年龄在1%的显著性水平下与受教育程度呈负相关关系，这或许是导致受教育程度不显著的主要原因。同时，性别与受教育程度和年龄存在显著相关关系，单独引入模型不显著，但它与受教育程度和年龄同时引入模型后又影响了后两者的显著性，因此回归时放弃了该变量。

家庭特征的 6 个变量均在 1% 的显著性水平下通过了显著性检验。土地质量、是否已经租赁土地进行农业生产、家庭土地经营规模和家庭劳动力分别对农户出现禀赋效应的概率有正的边际影响。主要种植经济作物的农户比种粮食为主的农户出现禀赋效应的概率小，以非农收入为主的农户出现禀赋效应的概率小。前四个变量从不同侧面刻画了农户进行农业生产的条件或能力，这些变量越大说明农户越具有农业生产的能力，表现得更"惜地"符合一般认知。种植经济作物的农户具有更强的商业化经营特点，更具有"在商言商"的意识，这可能是他们更不容易出现禀赋效应的原因。村庄特征变量中地形通过了显著性检验，这说明其他条件给定时平原地区的农户比丘陵山区的农户更有可能出现禀赋效应。这个结果也可以从土地质量变量的回归结果进行印证，平原的耕地质量一般会优于丘陵山区，而且土地质量与地形两个变量在 1% 的显著性水平上呈正相关关系。

除了以上单变量外，3 个交互项的回归结果也值得关注。首先年龄平方项回归系数为负，而且在 1% 的显著性水平下通过了变量显著性检验。这说明年龄对农户出现禀赋效应的影响不是线性的，年龄增加会使禀赋效应出现的概率提高，但超过一定年龄之后，随着年龄的增长农户出现禀赋效应的概率反而会降低；尽管单独分析时租赁土地和劳动力多的农户出现禀赋效应的概率高，但是劳动力充足又进行土地租赁的农户出现禀赋效应的概率却较低（即是否租赁耕地和家庭劳动力人数交互项的回归系数显著为负）。经过对数据间关系的探索发现，该交互项与变量"是否主要种植经济作物"显著相关，即劳动力充足又进行土地租赁的农户可能更多地种植经济作物，商业化经营减少了禀赋效应出现的概率。土地产权强化与是否租赁耕地交互项的回归系数显著为正。这说明尽管感受到土地确权带来产权强度增强会在总体上减少农户出现禀赋效应的概率，但租赁土地的农户却因此变得更加"惜地"。

学术界对禀赋效应产生的机制仍有争议（Johnson 等，2007；Morewedge 等，2009），本部分实证研究可以揭示农户在农地双向流转时出现这一心理偏好的显示性特征。这些特征可能包括：当地土地流转市场发育度显著影响着当地农户出现禀赋效应的概率，市场越深化农户越不容易出现禀赋效应；农业决策者年龄增加会使禀赋效应出现的概率提高，但当户主跨过一定年龄后，其"惜地"心理就会随着劳动能力的减弱而退化；商业化种植农户具有更加市场化的经营意识，可能更不容易出现禀赋效应；兼业化程度高的农户出现禀赋效应的概率较低；其他条件给定时，农业生产条件的改善增强了农业生产的吸引力，可以在一定程度上降低农户流出土地的意愿；土地确权降低了农业经营的不确定性，可以显著降低农户出现禀赋效应的概率；租赁土地进行适度规模化种植的农户具有进一步扩大规模的意愿（起码不愿意减少经营规模），而且这种意愿还因为土地产权强度的增强而增强。

6.2.5 主要结论与政策内涵

本部分利用山东省 127 个县市区的农户调查数据分析了土地确权对农户承包土地产权强度的影响，并调查了土地确权后农户土地双向流转时要求得到的价格与所愿意支付的价格，以此测算了农户的禀赋效应，并在此基础上研究了农户禀赋效应的影响因素。基本结论如下：

第一，土地确权登记颁证工作强化了农户的土地产权强度。农户普遍感到确权后自己对土地的掌控力得到提升，表现为农户对承包权预期变得稳定，感受到生产自主权的提高以及农业投资意愿的增强。确权对农户土地流转意愿的影响短期内可能还难以体现，有 43% 的受访农户没有感受到土地确权对其流转出土地意愿有影响。不过，表示土地确权后更加愿意流出土地的人远多于更不愿意流出的人。这说明，如果土地流转影响了农户的土地流转意愿，其总体影响应该是正向的。

第二，中国的土地流转是农户将土地的经营权暂时流转给他人使用，这个流转并不是所有权的彻底转移，仅是在限定用途下的暂时转移。无论是对流出者还是流入者经营权的实现形式是土地经营收益，将禀赋效应这个理论运用于农村土地经营权流转并不十分合适。而且，产权强度的增加除了会引起禀赋效应还会引起安全效应，两者伴生而且影响方向相反。本部分利用调查数据测算显示，无论从哪个角度考察，农户的禀赋效应都不显著。这可能意味着总体上的禀赋效应并不存在。

如果禀赋效应可以度量农户个体层面的土地流转意愿的话，那么本部分二元选择模型的回归结果和以往关于农户土地流转意愿和行为的相关研究结论并无实质性区别（黄建伟等，2016），没有充分的理由认为土地确权降低了农户的土地流转意愿。相反，本部分研究显示土地确权带来的土地产权强度的提高总体上提高了农户的土地流转意愿，但这个结论并不适合于通过流入土地进行商业化种植的农户。值得关注的是，农业生产条件优越的农户，租赁土地进行规模化种植的农户进行农业生产的意愿较强。

姑且不论学术界对于现实市场中是否真的存在禀赋效应还存有争议（List，2003，2004），但本部分的研究可以认定，认为土地确权存在抑制农户土地流转意愿的判断很可能仅是在经济理论上的推演，而不是对事实的恰当描述。如果本部分的研究结论是可靠的，那么其政策内涵将十分明显。农村土地确权颁证工作并不是解决中国农村与农业经济发展的万全之策，但肯定是最重要的基础性工作，它可以为中国农业现代化建设构建一个良性的制度基础。仅从农业生产主体的角度来看，担心中国农业后继无人无疑是杞人忧天，具有较好农业生产条件的农户依然愿意保留农地。农户之间的土地流转可以在很大程度上优化农业要素组合，而且通过流入土地扩大经营规模的农户拥有更强的农业生产意愿，他们很可能就是未来中国农业生产的中坚力量。要进一步促进农业人地资源的优化配置，政府一方面需要做好土地流转市场的培育工作，构建基础设施，提供公共服务；另一方面需要正确理解老龄化劳动力参与农业生产的生计意义，解决他们生产中面临的约束和挑战，并为高龄农业劳动力的退出提供针对性的政策支持。

6.3 不确定性与高兼业农户生产退出选择

6.3.1 研究背景

自 2008 年《中共中央关于推进农村改革发展若干重大问题的决定》颁布以来，各级政府农业主管部门将推动农村土地流转、发展多种形式的适度规模经营作为重要任务，纷纷出台各项鼓励措施，加快了农业生产的专业化和集约化进程。经过多年努力，中国农业土地流转水平有了一定提高。农业部统计数据显示，截至 2016 年底全国家庭承包耕地流转面积超过 4.7 亿亩，已经占到家庭承包经营耕地总面积的 35.1%。土地流转率的提高不仅意味着经营农户数量的减少和平均专业化水平的提高，还可能意味着更多高兼业农户的出现。东亚传统小农经济国家和地区的农业发展路径显示，随着政府规模化经营政策的推进，在规模化经营主体成长的同时，小规模高兼业农户也在增加，兼业化小农为主的农业经营形态得以存续（傅晨和毛益勇，1998；刘国华和李永辉，2010；潘伟光等，2013；周应恒等，2015；周娟，2015）。劳动力的兼业化会在很大程度上会改善小规模农户的生计，但同时也延缓了农业经营模式的转变进程，阻碍了一国（地区）农业竞争力的提升。

目前，中国的农业发展同样面临着小规模经营模式下的普遍兼业化问题。如何避免中国在农业现代化过程中重蹈日韩等国的覆辙成为目前中国农经学界和决策者特别关注的一个问题。农户兼业与农业劳动力的流动是一个问题的两个方面，家庭劳动力的完全转移就意味着彻底离农，而部分转移或部分时间转移就形成了农户的兼业。发展经济学更加关注社会转型时期的劳动力流动问题，而对兼业问题讨论不足。传统的劳动力迁移理论，包括刘易斯模型、拉尼斯—费景汉模型、托达罗模型等对该问题提供了基本的理论框架，不过中国学者更多地关注于中国特殊政策和社会因素的影响。有学者认为，中国农户之所以不完全离农是因为中国特殊的户籍制度限制了人口流动（杜鹰，1997；蔡昉和都阳，2004）；还有学者认为，兼业化是在中国人地矛盾比较尖锐和农村社会保障制度还很不健全的因素的约束下形成的农户家庭内分工的均衡形态（向国成和韩绍凤；2005）；还有研究发现，农民进城务工的职业特点和农户家庭结构也是导致兼业的重要原因（贺振华，2006；陆文聪和吴连翠，2011）。有学者认为，随着外出务工、经商等非农就业机会的增加，农户为了获得更多的收益，土地流出的意愿逐步增加，因此（高）兼业农户的土地流出意愿高于非（低）兼业农户（刘同山等，2013；杨卫忠，2015；张忠明和钱文荣，2014；李昊等，2017；赵春雨，2017）。尽管高兼业农户土地流出意愿高，但现实中会发现大量的高兼业农户依然选择保留农业。有学者认为，这些农户不转出农地的主要原因是不在乎农地转出的租金收益（庄晋财等，2018），不过这种解释可能并不符合农户理性的基本论断。

高兼业农户特别是超高兼业农户不流出土地势必会导致农业经营的持续小规模化，甚至农业经营的休闲化，不利于农业资源的优化配置。本章尝试利用山东省农户调查数据回答高兼业农户为何不放弃农业这个问题。本部分其他内容结构如下：对农户土地流转意愿行为的偏差进行了描述性分析并提出研究问题；在构建实证模型的基础上利用调研数据研究了高兼业农户土地流出意愿、行为和意愿行为偏差的影响因素，并重点讨论了兼业化对这三个变量的影响；最后介绍了研究结论、可能的政策启示以及下一步研究展望。

6.3.2　特征事实与理论分析

6.3.2.1　特征事实

作为山东省的优势产业，山东农业在全国农业版图中占据重要地位。据统计，山东省以全国6%的耕地和1%的水资源，生产了全国8%的粮食、13%的蔬菜和10%的肉蛋奶。在全国推进新型农业经营主体发展的大背景下，山东省各级政府也积极促进土地流转。根据山东农业厅2018年4月发布的数据，山东省各类新型农业主体超过40万家，土地流转率已达33.7%。为了考察农户土地流转问题，课题组对山东农户进行了抽样调查。课题组首先根据农业生产情况从山东全省137个县级行政区划单位中选取120个涉农县（市、区），然后从驻鲁高校大学生中为每个县（市、区）招募2~4名调查员，每个调查员再按照方便抽样的方式选取1~2个村开展调查。为了尽量保证样本的代表性，每个调查县的样本容量保持在15个左右。调查于2017年1~2月展开，共对1763个家庭的主要从事农业生产的劳动力（一般为男户主）进行了问卷访谈，剔除掉缺失本书所需关键变量的问卷后，一共获得1057份有效问卷。这些受访者分布在117个县（市、区），平均每个县（市、区）的有效样本9个，最多的一个县有20个受访者，最少的一个县（市、区）有5个。

表6-10从多个角度描述了样本农户土地流出意愿、行为和意愿行为偏差的统计情况[①]。从全样本来看，愿意流出土地的农户数占比比实际流出土地的农户数占比高18.64个百分点，按不同标准划分的农户愿意流出土地的比例也显著大于存在土地流出行为的比例。随着农户年龄增长，全样本农户土地流转意愿行为

---

①　数据采集方式：在问卷的前半部分调查了农户在现有条件下土地流出的意愿，在问卷的后半段又调查了农户承包土地地块的使用情况，进而判断农户是否有土地流出行为发生。

的偏差逐渐减少。女户主（即农业决策以女性为主的户主）的土地流出意愿要高于男户主，但实际发生土地流出的比率却相差无几。总的来看，农户经营规模对农户土地流出意愿与行为的影响是正向的，但对意愿行为偏差的影响不大。兼业水平的提高会增强农户土地流出的意愿和提高土地流出行为发生的比例，而且意愿行为的偏差也会随着兼业化水平的提高而增大。

表6-10　农户土地流转意愿行为的偏差统计　　　　　单位：%

变量	分类	样本量	愿意流出样本量	比例	实际流出样本量	比例	偏差
农户土地流出意愿		1057	363	34.34			18.64
农户土地流出行为		1057			166	15.70	
年龄	青年（44岁及以下）	272	97	35.66	40	14.71	20.96
	中年（45~59岁）	624	221	35.42	99	15.87	19.55
	老年（60岁及以上）	114	41	35.96	25	21.93	14.04
	总样本量	1010	359	35.54	164	16.24	19.31
性别	男性	787	265	33.67	127	16.14	17.53
	女性	231	94	40.69	37	16.02	24.68
	总样本量	1018	359	35.27	164	16.11	19.16
农地经营规模	<11.4	785	271	34.52	120	15.29	19.24
	≥11.4	215	82	38.14	41	19.07	19.07
	总样本量	1000	353	35.30	161	16.10	19.20
兼业化程度	<50	292	85	29.11	46	15.75	13.36
	≥50	659	248	37.63	107	16.24	21.40
	总样本量	951	333	35.02	153	16.09	18.93

资料来源：根据统计数据整理。

根据农业收入占家庭总收入的比重，将农户分为低兼业农户（农业收入占比≥50%）和高兼业农户（农业收入占比<50%）。图6-1呈现了全样本、低兼业农户和高兼业农户土地流出意愿和行为发生率与兼业水平的趋势线。从全样本来看，农户土地流出意愿与行为的发生率都随着兼业水平的提高呈现不断提高的

趋势，同时两者之间的差距也有扩大的趋势。分样本的趋势图显示农户的土地流出意愿与兼业水平的关系与已有发现类似，呈现"U"形关系（廖洪乐，2012），但流出行为的发生率不存在这种关系。值得关注的是，从均值来看，高兼业农户的土地流出行为发生率仅为21%左右，即使兼业水平为90%的农户，其土地流出发生率均值也只有30%左右。对这些农户而言，农业收入已经不太重要，但为什么他们不选择离开农业呢？

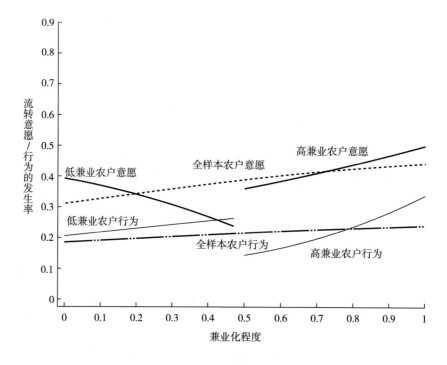

图6-1　农户兼业程度与农户土地流转意愿和行为发生率趋势

6.3.2.2　理论分析：基于家庭决策的视角

本部分以一个典型的农村家庭来分析其劳动时间分配的过程。假设市场为完全竞争市场，决策者为理性人。这个家庭的时间禀赋为 T，其中 T_a 用于农业生产，T_{na} 用于非农就业。按照贝克尔的家庭生产模型，家庭会利用这两类时间生产或消费的"物品"来实现家庭效用最大化，而这里的"物品"是指农业收入和非农业收入。假设市场满足完全竞争假设，家庭的最优时间配置模型为：

$$\max U(I) \tag{6-1}$$

$$\text{s. t. } T_a + T_{na} \leqslant T \tag{6-2}$$

假设典型家庭的效用符合单调性、连续性和局部非饱和性，农业生产中土地和劳动时间的边际技术替代率不变。w_a、w_{na}、Q_a 和 Q_{na} 分别为农业工资率、非农就业工资率、农业产量和非农就业产量，其中 $Q_a = f(T_a)$，$Q_{na} = f(T_{na})$。那么，家庭的最优时间配置模型可以调整为：

$$\max I = w_a \cdot Q_a + w_{na} \cdot Q_{na} \tag{6-3}$$

$$\text{s. t. } T_a + T_{na} \leqslant T \tag{6-4}$$

令拉格朗日乘子为 λ，构建拉格朗日函数：

$$\mathcal{L} = w_a \cdot Q_a + w_{na} \cdot Q_{na} + \lambda(T - T_a - T_{na}) \tag{6-5}$$

由此可以得出典型家庭效用最大化时劳动时间配置的条件：

$$w_a \cdot MP_a = w_{na} \cdot MP_{na} \tag{6-6}$$

其中，MP_a 和 MP_{na} 分别表示务农和非农就业单位时间的边际产量[1]。式(6-6)说明，当效用最大化时，家庭在两种工作上分配的边际劳动时间创造的边际收入相等。在完全竞争假设下，$w_a \cdot MP_a$ 和 $w_{na} \cdot MP_{na}$ 分别与家庭劳动时间的价格联合可以构成农业劳动时间需求曲线和非农就业时间需求曲线。不失一般性地，假设边际产量曲线为线性，典型家庭在务农和非农就业之间的时间配置可由图6-2所示的模型来刻画。图6-2中 d_a 为务农劳动时间需求曲线，d_{na} 为非农就业劳动时间需求曲线。由式(6-6)可知，当家庭效用最大化时，d_a 和 d_{na} 交于 A 点，此时农业劳动时间为 T_a^*，非农就业劳动时间为 T_{na}^*。

家庭劳动时间如何在农业就业和非农就业之间进行配置将取决于农业劳动时间需求曲线和非农就业劳动时间需求曲线的位置。在其他条件不变时，如果有因素导致非农劳动时间需求增加，那么 d_{na} 将向上移动，非农就业时间增加，务农劳动时间减少，兼业化水平将提高。同样地，如果某些因素导致家庭务农劳动时

---

① 以上分析假设典型家庭可以无约束地细分劳动时间，可是现实中家庭劳动力数量是离散性的，这意味着家庭劳动时间需求曲线可能并连续。即便如此，以上理论分析结论也可以成立。阿马蒂亚·森1969年的一篇论文可以解决这个问题。根据森的观点，农业劳动力在就业时间上并不是充分就业，他们有大量的剩余劳动时间。当家庭中部分劳动力流出后，留下的劳动力就会增加自己的劳动时间，使家庭总农业劳动时间不变。在当前的中国，这种现象十分普遍。

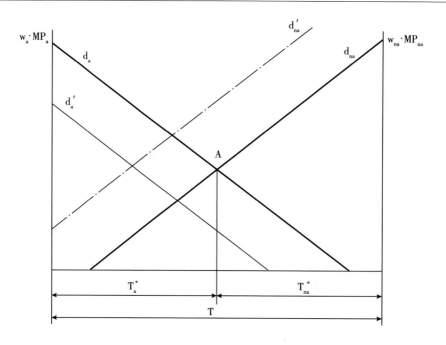

图 6-2　典型家庭劳动时间优化配置决策机理

间需求减少，d_a 将向下移动，务农时间减少，非农就业时间增加。哪些因素会影响这两条曲线的移动呢？在现实生活中，影响两条曲线移动的因素起码包括几个方面：非农收入的稳定性、农业经营利润的变化、土地价值预期、家庭成员非农就业能力、定居城市的制度成本和生活成本以及家庭成员照护负担等。上述因素并不是完全并列的。一般而言，家庭成员非农就业能力越强，那么务农机会成本越高，非农收入往往倾向于越稳定。相反，定居城市的制度成本和生活成本越低，家庭照护负担越轻[1]，务农机会成本就越高。而务农机会成本与非农收入稳定性之间也存在理论上的正相关关系。以目前的农业经营条件和市场行情来看，农业经营的平均利润是很低的（如果考虑劳动力平均机会成本，平均利润很有可能为零）。日本、韩国等国的发展经历显示，快速工业化和城镇化下农民对土地期望价值的上涨预期也在一定程度上限制了农户的土地交易。虽然中国农业土地

---

[1]　因为老人照顾需要留人在家，而农业生产的季节性和时间安排的非均匀性可以使务农与照护同时进行，这相当于降低了农户的成本。

制度与日本、韩国等国有着本质不同，但是随着农户土地权益的不断增强，在土地制度不断完善的背景下该预期是否会影响中国农户的土地流出也是一个值得关注的问题。因此，本部分主要关注非农收入的稳定性和农民土地期望价值两个变量对高兼业农户劳动时间（农业土地）配置的影响。

6.3.3　研究思路、研究方法与变量说明

6.3.3.1　研究思路

本部分旨在考察高兼业农户土地配置的影响因素，特别关注家庭非农收入稳定性和农民土地期望价值两个变量对高兼业农户农业土地流出的影响。延续前面的统计分析，本部分首先研究全样本农户土地流出意愿、行为和意愿行为偏差的影响因素，然后再讨论高兼业农户土地流出意愿、行为和意愿行为偏差的影响因素，接着讨论超高兼业农户（非农收入占比大于等于80%的农户）土地流出意愿、行为和意愿行为偏差的影响因素，最后比较分析三个回归结果。针对是否愿意流转出承包土地和是否有承包地流出行为这两个问题，受访农户（受访者一般是对农业经营决策有决定作用的人，如果是女性一般称为女户主）的答案只能为是和否，这是典型的二值选择问题，由此构建两个二值选择模型。一般而言，存在土地流出行为的农户应该会有流转意愿，但是数据分析发现农户的反馈并非如此。意愿行为偏差可有两种情况：不愿意但存在土地流出行为，愿意但不存在土地流出行为，本部分关注的是第二种情况。在全样本中筛选出存在流出意愿的农户作为一个新的子样本，然后将其中不存在土地流出行为的农户认定为存在意愿行为偏差的农户，其余农户不存在意愿行为偏差，由此再构建一个二值选择模型。类似的方法可以用在高兼业农户和超高兼业农户中，这样本部分构建了3个样本共9个模型。

6.3.3.2　实证方法与内生性处理

本部分首先利用经典的二元离散选择模型进行实证检验，目前最常用的模型有 Logit 模型和 Probit 模型。由于这两种方法很成熟，在此不再赘述。现实中可能存在不可观测的因素（如农户个人能力）同时影响农户兼业程度和土地流出，这意味着传统 Logit 模型和 Probit 模型回归结果可能存在内生性偏误。为了解决这一问题，本部分将在进行 Logit 和 Probit 估计之后，再借鉴 Roodman（2009）

提出方法进行稳健型检验。根据 Roodman 的分析，含有外生解释变量 x_i 和 C 以及内生解释变量 ω_{ci} 的扩展 Probit 模型的一般形式为：

$$y_i = 1 \ (x_i\beta + \omega_{ci}\beta_c + \varepsilon_i > 0) \tag{6-7}$$

$$\omega_{ci} = z_{ci}A_c + \varepsilon_{ci} \tag{6-8}$$

其中，z_{ci} 包括 x_i 和所有其他影响 ω_{ci} 的协变量；不可观测到的扰动项 ε_{ci} 和 ε_i 的均值为 0，协方差为 $\begin{bmatrix} 1 & \rho'_{1b} \\ \rho_{1b} & 1 \end{bmatrix}$。当 $\rho = 0$ 时，不可观测到的扰动项 ε_{ci} 和 ε_i 不相关，即模型不存在内生性；反之，则存在内生性。

我们可以把样本数据的联合密度函数写成是被解释变量条件概率密度函数乘积的形式：

$$f(y_i, \ \omega_{ci} \mid x_i, \ z_{ci}) = f(y_i, \ \omega_{ci} \mid x_i, \ z_{ci})f(\omega_{ci} \mid x_i, \ z_{ci}) \tag{6-9}$$

其中，ω_{ci} 的条件概率密度函数是 $f(\omega_{ci} \mid x_i, \ z_{ci}) = \phi_c(\omega_{ci} - z_{ci}A_c, \ \sum_c)$。由此，我们可以得到 y_i 的条件概率密度函数是关于 ε_i 的函数的结论，即：

$$\Pr(y_i = 1 \mid \omega_{ci}, \ x_i, \ z_{ci}) = \Pr(x_i\beta + \omega_{ci}\beta_c + \varepsilon_i > 0 \mid \omega_{ci}, \ x_i, \ z_{ci}) \tag{6-10}$$

基于此结论，用分布函数来求 y_i 的条件概率密度函数。在限定内生和外生协变量的条件下，ε_i 的均值和方差可以表示为 $E(\varepsilon_i \mid \omega_{ci}, \ x_i, \ z_{ci}) = \rho'_{1b}\sum_b^{-1}(\varepsilon_{ci} - z_{ci}A_c)'$ 和 $Var(\varepsilon_i \mid \omega_{ci}, \ x_i, \ z_{ci}) = 1 - \rho'_{1b}\sum_b^{-1}\rho_{1b}$。条件均值主要用来限定 y_i 概率的上限 μ_{1i} 和下限 l_{1i}。

$$\mu_{1i} = \begin{cases} -x_i\beta - \rho'_{1b}\sum_b^{-1}(\omega_{ci} - z_{ci}A_c)', & y_i = 0 \\ \infty, & y_i = 1 \end{cases} \tag{6-11}$$

$$l_{1i} = \begin{cases} -\infty, & y_i = 0 \\ -x_i\beta - \rho'_{1b}\sum_b^{-1}(\omega_{ci} - z_{ci}A_c)', & y_i = 1 \end{cases} \tag{6-12}$$

基于以上分析，我们可以得到对数似然函数：

$$\ln L = \sum_{i=1}^N \omega_i \{\ln\Phi_1^*(l_{1i}, \ \mu_{1i}, \ 1 - \rho'_{1b}\sum_b^{-1}\rho_{1b}) + \ln\Phi_c(\omega_{ci} - z_{ci}A_c, \ \sum_c)\} \tag{6-13}$$

如果 $l_{1i1} = -x_i\beta - \rho'_{1b}\sum_b^{-1}(\omega_{ci} - z_{ci}A_c)'$，$\mu_{1i1} = \infty$，那么 $y_i = 1$ 的条件密度概率函数可以表示为：

$$\Pr(y_i = 1 \mid \omega_{ci}, \ x_i, \ z_{ci}) = \Phi_1^*(l_{1i1}, \ \mu_{1i1}, \ 1 - \rho_{1b}' \Sigma_b^{-1} \rho_{1b})① \tag{6-14}$$

6.3.3.3 变量选择

按照以上研究思路，9 个回归方程的被解释变量都有三个：是否愿意流出土地、是否存在土地流出行为和是否存在意愿行为偏差。

参照其他学者的研究成果（Yao，2000；Kung，2002；Zhang 等，2008；贺振华，2006；钱忠好，2008；廖洪乐，2012；高欣和张安录，2017），本部分选取了户主个人特征、农户家庭特征和村庄特征三类变量作为解释变量。户主（主要指农业经营的主要决策者）特征变量包括性别、年龄、受教育程度、对土地的期望价值②等；家庭特征变量包括农户兼业程度、经营规模、家庭非农就业的稳定性和家庭主要收入来源、劳动力人数等；村庄特征变量包括距城镇距离等。收入的稳定性最终体现在就业的稳定性上，为了减小统计误差，本部分用非农就业稳定性作为非农收入稳定性的替代变量引入模型。具体变量定义及其数量特征如表 6-11 所示。

表 6-11 模型变量定义及描述性统计

序号	变量名称	变量定义或赋值	最小值	最大值	均值	标准差
X1	农户兼业程度	非农收入占家庭总收入的比重高低，高 = 1；低 = 0	0	1	0.57	0.288
X2	性别	女性 = 1；男性 = 0	0	1	0.23	0.419
X3	年龄（岁）	—	20	81	48.78	8.253
X4	受教育程度	上到几年级退学	0	16	7.85	2.516
X13	是否为村干部	是 = 1；否 = 0	0	1	0.04	0.186
X5	农地经营规模（亩）	2016 年经营的耕地规模	0	300	11.40	22.594
X6	家庭可从事农业劳动人数（人）	—	1	10	2.54	1.006

---

① 详细介绍请参见 Roodman（2009）。

② 本部分选取"流转本村土地种小麦和玉米的最高租金应该是多少"来刻画农户对土地价值的期望。该指标有两个突出优点：一是该数据是公开的，避免受访者提供无价值的反馈；二是将土地用途限定为种植小麦和玉米可保证数据的横向可比性。

续表

序号	变量名称	变量定义或赋值	最小值	最大值	均值	标准差
X7	以前年度是否流入土地	2010年以来您家是否种过其他人家的土地，是=1；否=0	0	1	0.31	0.461
X15	目前家庭主要种植作物	经济作物=1；其他=0	0	1	0.45	0.498
X12	是否租赁土地	2016年是否从其他人处流转耕地，是=1；否=0	0	1	0.38	0.487
X8	非农就业的稳定性	是否感到家庭非农收入稳定，是=1；否=0	0	1	0.25	0.242
X9	距离（分钟）	开私家车去县城（市、区）需要几分钟	0	130	29.41	17.239
X14	人均承包地面积（亩）	——	0	75	1.81	4.265
X16	村庄耕地面积（亩）	——	0	99560	2039.07	5100.647
X10	土地价值期望（元）	流转本村土地种小麦和玉米的最高租金应该是多少	200	1180	597.48	268.212
X11	本村主要种植作物	经济作物=1；农作物=0	0	1	0.75	0.431

注：表6-11汇报的是全样本的数据特征。

6.3.4 实证结果分析

6.3.4.1 回归结果

表6-12显示的是分别以全样本农户、高兼业农户和超高兼业农户的土地流出意愿、行为及意愿行为偏差为被解释变量的二值离散选择模型回归结果。所有方程的变量系数的联合显著性很高，模型整体拟合效果较好。为了尽量降低变量之间的多重共线性，本部分综合考虑其他相关文献的做法和各个回归方程赤池信息准则（Akaike Information Criterion，AIC）和贝叶斯信息准则（Bayesian Information Criterion，BIC）选取每个回归方程的解释变量。

表6-12 Probit 模型回归结果①

变量	全样本农户			高兼业农户			超高兼业农户		
	意愿方程1-1	行为方程1-2	偏差方程3-1	意愿方程1-4	行为方程1-5	偏差方程1-6	意愿方程1-7	行为方程1-8	偏差方程1-9
农户兼业程度	0.479** (2.02)	0.564** (2.00)	0.485 (0.91)	0.320 (0.53)	0.664 (0.82)	2.787* (1.74)	-2.165 (-0.87)	0.671 (0.21)	8.827 (1.61)
性别	2.908*** (3.19)	2.247** (2.01)	-4.555** (-1.99)	2.374** (2.17)	2.023 (1.45)	-2.588 (-1.02)	3.900** (2.40)	3.341* (1.71)	-6.035 (-1.19)
年龄	0.107* (1.88)	0.060 (0.89)	-0.020 (-0.16)	0.118* (1.83)	0.015 (0.18)	0.089 (0.61)	0.089 (1.13)	0.057 (0.41)	0.043 (0.19)
受教育程度	0.041* (1.86)	0.007 (0.27)	0.052 (1.10)	0.034 (1.34)	-0.012 (-0.38)	0.037 (0.67)	0.052 (1.30)	0.036 (0.67)	0.121 (1.23)
农户经营规模	0.003 (0.54)	0.008* (1.82)	0.027 (1.41)	-0.030 (-0.89)	-0.087 (-1.61)	0.239** (2.14)	-0.067 (-0.27)	-0.111 (-0.37)	1.157** (2.31)
家庭劳动力人数	-0.009 (-0.14)	-0.106 (-1.56)	0.238** (2.08)	0.002 (0.03)	-0.163** (-2.07)	0.265** (2.21)	-0.176* (-1.76)	-0.235* (-1.82)	0.565** (2.16)
以前年度是否流入土地	0.192 (1.64)	0.368*** (2.71)	-0.174 (-0.75)	0.204 (1.42)	0.413** (2.44)	-0.231 (-0.89)	-0.120 (-0.52)	0.587** (2.06)	0.884* (1.82)
非农就业的稳定性	0.694*** (2.94)	1.119*** (4.16)	-1.046** (-2.51)	0.535* (1.74)	0.951*** (2.75)	-0.352 (-0.72)	-0.006 (-0.79)	-0.012 (-1.23)	-0.008 (-0.56)

① 由于难以确定扰动项究竟是符合逻辑分布还是正态分布，本部分采用 Probit 和 Logit 模型分别对调研数据进行回归。两个模型估计结果相似，限于篇幅，这里只汇报 Probit 模型估计结果。

续表

变量	全样本农户			高兼业农户			超高兼业农户		
	意愿方程1-1	行为方程1-2	偏差方程3-1	意愿方程1-4	行为方程1-5	偏差方程1-6	意愿方程1-7	行为方程1-8	偏差方程1-9
距离	-0.007** (-2.07)	-0.007 (-1.61)	-0.001 (-0.03)	-0.011** (-2.34)	-0.004 (-0.76)	-0.007 (-0.77)	0.294 (0.62)	1.522*** (2.74)	-1.287 (-1.62)
土地价值期望	0.001 (1.51)	-0.001 (-0.73)	0.001 (1.24)	0.001 (1.01)	-0.001 (-1.62)	0.001 (1.25)	0.001 (0.82)	-0.001* (-1.67)	0.001 (1.26)
性别与年龄交互项	-0.056*** (-2.86)	-0.046* (-1.92)	0.099* (1.95)	-0.043* (-1.80)	-0.041 (-1.38)	0.056 (1.02)	-0.0756** (-2.21)	-0.068* (-1.72)	0.141 (1.31)
年龄平方项	-0.001* (-1.71)	-0.001 (-0.58)	-0.001 (-0.17)	-0.001 (-1.54)	0.001 (0.16)	-0.001 (-0.94)	-0.001 (-0.63)	0.001 (0.02)	-0.001 (-0.39)
兼业与规模交互项	-0.009 (-0.83)	-0.014* (-1.79)	-0.073* (-1.82)	0.038 (0.75)	0.120 (1.54)	-0.368** (-2.39)	0.080 (0.28)	0.138 (0.38)	-1.484** (-2.43)
本村主要农作物	0.350*** (2.59)	-0.217 (-1.39)	-0.355 (-1.15)	—	—	—	—	—	—
常数项	-4.463*** (-2.87)	-2.999* (-1.58)	2.642 (0.69)	-4.353** (-2.32)	-1.818 (-0.72)	-3.455 (-0.80)	-1.550 (-0.47)	-3.700 (-0.72)	-8.921 (-1.04)
Log pseudo-likelihood	-346.762	-242.499	-97.521	-252.170	-167.102	-71.898	-117.973	-78.497	-30.162
Wald X^2	40.96***	34.08***	34.79***	28.14***	32.21***	26.07**	20.60*	31.14***	33.34***
Pseudo R^2	0.054	0.073	0.143	0.051	0.089	0.152	0.072	0.172	0.340

注：***、**和*分别表示在1%，5%和10%下显著。

方程 1-3 显示的是全样本农户土地流出意愿行为及偏差的影响因素的回归结果。农户兼业程度和非农就业的稳定性分别在 5% 和 1% 的显著性水平下与农户土地流出意愿和行为正相关。女户主的土地流出意愿和行为显著高于男户主，但随着年龄的增长，女户主的土地流出意愿和行为逐渐降低。年龄与全样本农户流出意愿显著正相关，与其行为的相关性不显著，却显著影响着超高兼业农户的土地流出行为。受教育程度和土地价值期望在 10% 的统计水平下与农户土地流出意愿正相关，但对农户土地流出行为影响不显著。意愿行为偏差回归结果充分显示出农户土地流出陈述性偏好和显示性偏好存在不一致的影响因素。家庭劳动力人数和女性年龄（年龄和性别的交互项）等变量的增加显著拉大了农户土地流出意愿行为偏差。非农就业的稳定性和农户兼业程度与农地经营规模交互项分别在 5% 和 10% 的显著性水平下显著，而且均为负值。除此之外，女户主的土地流出意愿行为偏差显著小于男户主。与全样本农户相比，家庭非农收入的稳定性同样显著影响高兼业农户的土地流出意愿和行为，却不影响意愿行为偏差，而它对超高兼业农户的土地流出没有显著影响。土地价值期望变量对高兼业农户的土地流出意愿行为和意愿行为偏差均无影响，但显著负向影响着超高兼业农户的土地流出行为。回归结果显示，年龄对全样本农户土地流出意愿的影响呈 "U" 形关系，而对他们土地流出行为发生率的 "U" 形关系不显著。

　　根据 Roodman（2009）的思路，本部分利用扩展的 Probit 模型对表 6-12 的结果进行稳健型检验。扩展 Probit 模型的设定除与上面普通 Probit 模型一致，还要综合考虑 AIC 值和 BIC 值来选取各选择方程的解释变量，估计结果如表 6-13 所示。ρ 值的假设检验显示表 6-12 中方程 1-5 至方程 1-9 存在内生性问题，回归结果有偏，相应结果分析应该以方程 2-5 至方程 2-9 的回归结果为准。结果显示，家庭非农收入稳定性显著正向影响着高兼业农户的土地流出意愿和行为，显著正向影响超高兼业农户的土地流出行为，显著负向影响超高兼业农户的土地流出意愿行为偏差。土地价值期望显著正向影响超高兼业农户的土地流出行为和意愿行为偏差，对其他被解释变量无显著影响。在剔除掉内生性影响后，农户兼业程度变量对高兼业农户土地流出行为以及意愿行为偏差的影响变得显著，对超高兼业农户土地流出意愿和行为的影响也变得显著了。

表6-13 扩展Probit模型估计结果

变量	全样本			高兼业农户			超高兼业农户		
	意愿方程2-1	行为方程2-2	偏差方程2-3	意愿方程2-4	行为方程2-5	偏差方程2-6	意愿方程2-7	行为方程2-8	偏差方程2-9
农户兼业程度	0.0267 (0.05)	0.661 (1.38)	-0.053 (-0.07)	0.485 (0.45)	-1.397*** (-10.21)	1.884*** (4.80)	-0.737* (-1.74)	-1.201*** (-3.63)	0.734 (0.94)
性别	2.730** (3.02)	2.296** (2.12)	-4.691** (-2.08)	2.240** (1.99)	1.131 (1.39)	-2.009 (-1.19)	-0.003 (-0.36)	-0.013 (-1.43)	-0.003 (-0.20)
年龄	0.097* (1.73)	0.054 (0.81)	-0.045 (-0.36)	0.095 (1.43)	0.034 (0.89)	0.022 (0.25)	0.378 (0.90)	1.224*** (2.64)	-0.991 (-1.29)
受教育程度	0.0463** (2.07)	0.008 (0.33)	0.0561 (1.17)	0.029 (0.91)	0.029 (1.18)	-0.011 (-0.22)	0.001 (0.90)	-0.001 (-1.53)	0.001 (1.06)
农户经营规模	-0.001 (-0.17)	0.006* (1.93)	0.007 (0.78)	-0.006 (-1.16)	-0.003 (-0.79)	0.002 (0.18)	3.764*** (2.73)	1.850 (1.39)	-11.12 (-1.47)
家庭劳动力人数	-0.002 (-0.03)	-0.135* (-1.74)	0.262* (1.92)	-0.003 (-0.04)	-0.108*** (-2.82)	0.225** (2.00)	0.081 (1.14)	0.104 (0.80)	-0.159 (-0.73)
以前年度是否流入土地	0.158 (1.22)	0.443** (3.09)	-0.213 (-0.78)	0.225 (1.29)	0.082 (0.82)	0.036 (0.14)	0.035 (0.85)	0.020 (0.40)	0.083 (1.02)
非农就业的稳定性	0.719** (2.99)	1.175*** (4.27)	-1.048** (-2.45)	0.513* (1.69)	0.389** (2.13)	-0.239 (-0.62)	0.0748 (1.33)	0.151*** (3.28)	-0.320*** (-2.65)
距离	-0.006* (-1.95)	-0.007 (-1.61)	0.001 (0.16)	-0.009 (-1.57)	-0.008** (-1.99)	0.002 (0.26)	-0.142 (-1.56)	-0.188* (-1.90)	0.393* (1.65)
土地价值期望	0.001 (1.53)	-0.001 (-0.47)	0.001 (1.25)	0.001 (0.84)	-0.001 (-0.48)	0.001 (0.38)	-0.018 (-0.08)	-0.601** (-2.36)	0.771** (2.07)

续表

变量	全样本			高兼业农户			超高兼业农户		
	意愿方程2-1	行为方程2-2	偏差方程2-3	意愿方程2-4	行为方程2-5	偏差方程2-6	意愿方程2-7	行为方程2-8	偏差方程2-9
性别与年龄交互项	-0.053*** (-2.71)	-0.047** (-2.05)	0.102** (2.04)	-0.040* (-1.69)	-0.022 (-1.25)	0.042 (1.20)	-0.076*** (-2.58)	-0.040 (-1.57)	0.260 (1.51)
年龄平方项	-0.001 (-1.55)	-0.001 (-0.44)	0.001 (0.03)	-0.001 (-1.17)	0.001 (0.01)	-0.001 (-0.80)	-0.001 (-0.83)	-0.001 (-0.62)	0.00139 (0.75)
兼业与规模交互项	-0.001 (-0.25)	-0.009** (-2.06)	-0.031* (-1.65)	0.008 (0.44)	0.009 (0.75)	-0.041 (-1.57)	-0.077 (-1.31)	-0.145*** (-2.97)	0.240** (2.07)
本村主要农作物	0.274** (1.98)	-0.187 (-1.15)	-0.349 (-1.14)	—	—	—	—	—	—
常数项	-3.924** (-2.47)	-3.064 (-1.62)	2.163 (0.62)	-3.669* (-2.03)	-1.330 (-1.19)	-0.420 (-0.18)	-2.263 (-1.09)	-2.478 (-0.67)	3.069 (0.46)
	选择方程1	选择方程2	选择方程3	选择方程4	选择方程5	选择方程6	选择方程7	选择方程8	选择方程9
受教育程度	0.0138 (0.61)	0.011 (0.47)	-0.023 (-0.51)	0.048* (1.90)	0.056** (2.24)	0.029 (0.64)	-0.050 (-0.94)	-0.031 (-0.61)	-0.120 (-1.53)
性别	0.261* (1.81)	0.350** (2.28)	0.862*** (3.12)	0.149 (0.97)	0.125 (0.83)	0.030 (0.11)	-0.464 (-1.64)	-0.282 (-1.00)	-1.043** (-2.30)
年龄	-0.016** (-2.10)	-0.009 (-1.15)	0.001 (0.00)	0.015* (1.79)	0.032*** (3.62)	0.037 (1.55)	-0.052*** (-3.55)	-0.045*** (-2.81)	-0.0873*** (-4.09)
是否租赁土地	-0.355*** (-3.00)	-0.312** (-2.39)	-0.618*** (-2.58)	-0.472*** (-3.41)	-0.314*** (-3.17)	-0.592** (-2.36)	0.946*** (2.59)	1.278*** (3.15)	0.545 (0.84)

变量	全样本			高兼业农户			超高兼业农户		
	选择方程 1	选择方程 2	选择方程 3	选择方程 4	选择方程 5	选择方程 6	选择方程 7	选择方程 8	选择方程 9
非农就业的稳定性	-0.006* (-1.88)	-0.006* (-1.86)	-0.013** (-2.17)	-0.006 (-1.25)	-0.012*** (-2.73)	-0.010 (-1.31)	—	—	—
是否为村干部	0.837* (1.95)	0.811** (2.10)	0.364 (0.78)	—	—	—	—	—	—
家庭劳动力人数	0.264*** (3.86)	0.256*** (3.62)	0.378** (2.57)	—	—	—	—	—	—
人均承包地面积	-0.083*** (-2.89)	-0.061** (-2.38)	-0.103* (-1.79)	—	—	—	—	—	—
目前家庭主要种植作物	-0.432*** (-3.66)	-0.468*** (-3.76)	-0.732*** (-3.11)	—	—	—	—	—	—
技术距离	—	—	—	—	—	—	-0.001 (-0.03)	-0.001 (-0.07)	0.00387 (0.28)
常数项	0.829* (1.68)	0.549 (1.05)	0.713 (0.72)	-0.916* (-1.72)	-1.685*** (-3.11)	-1.458 (-1.09)	4.006*** (3.46)	3.383*** (2.88)	6.579*** (4.08)
ρ	0.159 (0.50)	-0.203 (-0.66)	0.127 (0.25)	-0.229 (-0.33)	0.996*** (0.00)	-0.991*** (-10.57)	0.789*** (6.00)	1.000*** (0.00)	-1.000*** (0.00)

注：①ρ 是指选择方程与结果方程扰动项的相关系数。如果 ρ 显著，则表明显著拒绝原假设，即模型型存在内生性，否则模型不存在内生性。②括号里面的内容是经过稳健标准误校正后的 z 值。③***、**和*分别表示在 1%、5%和 10%水平下显著。

6.3.4.2 结果讨论

回归结果总体上符合业内学者对该问题研究的基本结论：农户的土地流转意愿和行为受到自身禀赋条件、家庭农业经营条件和外部环境的影响。研究结果显示，解释变量对兼业程度不同的农户的影响不尽相同。例如，平均来看年龄影响农户的土地流出意愿和行为，但对超高兼业农户并没有显著影响；兼业化程度正向显著影响全样本农户的土地流出意愿和行为，却显著负向影响超高兼业农户的土地流出意愿和行为。如果这个结果是可靠的，那么可能意味着超高兼业农户会成为小规模经营的一股推动力量。性别对意愿行为偏差的影响是显著的，尽管女户主流出土地意愿和行为发生的概率都大于男户主，但其意愿行为偏差发生的概率却小于男户主，这意味着女性具有更强的离农倾向，这一结果在超高兼业农户样本中并不存在。这个结果完全符合全球农业就业的一般趋势。随着社会经济结构的多元化和女性就业机会的增多，年轻女性更愿意从事非农就业。而对于年纪大的女户主，照看第三代的负担也使她们更愿意流出土地。

就本部分关注的两个核心变量来看，超高兼业农户与全样本农户的表现不完全一致。非农就业的稳定性显著正向影响全样本农户的土地流出意愿和行为，越稳定的农户出现土地流出意愿偏差的概率越小，而该变量对超高兼业农户土地流出意愿的影响不显著，而对其土地流出行为和意愿行为偏差发生概率的影响是显著的。土地价值期望变量对全样本农户没有显著影响，而对超高兼业农户的土地流出行为发生概率产生显著负向影响，而且会显著提高农户土地流出意愿行为偏差发生的概率。非农收入稳定性对农户的影响可以通过农户距城镇的距离来反映，一般而言，距城镇越近其非农就业机会越多，非农收入可能越稳定。总的来看，距离对农户土地流出意愿和行为发生的概率的影响是负向的。以上结论说明，对普通农户而言，非农收入的稳定性是影响其土地流出的显著因素。而超高兼业农户由于本身非农收入较高，可能并不太关注非农收入的稳定性。对超高兼业农户而言，土地价值预期可能是影响其土地流出的重要因素。由于中国农地制度仍在完善之中，农地权属的不稳定会导致超高兼业农户在土地流出时面临较大的潜在风险。距离变量显著正向影响超高兼业农户土地流出意愿行为偏差可在另外一个角度印证这一心理因素。距城镇越近的农地越有被征收的可能，在土地产权不稳定的情况下提前流出土地可能存在丧失部分甚至全部土地价值升值收益的风险。而这一风险正是日本在工业大发展背景下城边农户不愿意流出土地的主要原因之一。

6.3.5 结论

兼业如何影响农户土地资源的优化配置是一个有着较大理论和决策参考价值的问题。本部分借助山东省农户的调查数据考察了高兼业农户土地流转意愿、行为及意愿行为偏差的影响，得出了以下基本结论：①兼业总体上会提高农户的土地流出意愿和流出行为发生的概率，但是对意愿的影响并不是一个简单的线性关系，而是"U"形关系。从全样本来看，随着兼业化程度的提高，农户土地流出意愿和行为发生的概率都会提高。但对于高兼业农户特别是超高兼业农户而言，这一关系发生了逆转，兼业化程度越高土地流出发生概率反而越低。②农户的土地流转意愿和行为受到自身禀赋条件、家庭农业经营条件和外部环境的影响，农户会根据自身的利益最大化原则配置自有要素，这一结果与业界学者的前期研究基本一致。需要关注的是，年龄对土地流出意愿的影响并不是线性的，当年龄达到一定数值后，农户流转意愿反而会降低。③非农收入稳定性显著影响着农户的土地流出意愿和行为发生概率，越稳定的农户其出现流出意愿行为偏差的概率越小。平均来看，农户土地价值预期不影响农户土地流出，但显著影响着高兼业农户的土地流出行为和意愿行为偏差发生的概率。

如果以上结论是可靠的，本部分可以引申出以下几个具有决策参考价值的推论：①由于农业生产的季节性和农村产业构成的多元性，农户的兼业化是一个无法逆转的趋势，无论是东亚小规模现代农业还是北美大规模农业，非农收入都是农户收入中最重要的构成部分。如果兼业化是农民理性选择的结果而且会长期存在，那么对专业农民（或新型职业农民）培育赋予过高的期望可能就不是特别准确的政策导向。②在以往的关于适度规模经营标准的研究中，研究者（或农业主管部门）往往会以职业农民家庭收入达到社会非农部门平均收入为标准，并以农业亩均收益来确定适度规模经营标准（如50亩、100亩或200亩等）。然而，农户无论如何都不可能在漫长的农闲时节闲置自己宝贵的人力资源，非农就业是必然会发生的。这意味着根据上述测算方法测算的适度规模标准很可能是严重高估的。③不少人认为农民年纪大了以后土地流出意愿和流出行为发生的概率都应该提高。本部分的研究显示，上述论断可能过于简单了。当农民随着年龄增长非农就业能力减弱，非农就业机会减少时其务农的倾向反而会提高。这个结论并不奇怪，农业劳动力的老龄化是东亚经济体农业生产的基本特征，中国极有可能也会步入这种状态。如果这个论断正确的话，政府有必要正视这一不可逆转的趋势，采取相应的政策措施减少老龄农民在农业经营中的约束，尽量消除劳动力老龄化对农业生产效率产生的负面影响。

以上分析是基于山东省的农户调查展开的，所得结论可能仅能反映山东省的农业生产一些现象。此外，由于在研究设计阶段对所研究问题的复杂性估计不足，本书对一些有意思的现象缺少针对性的原因调查，从而影响了研究结论的深度。如果想得出更扎实的结论还需要具有代表性的研究样本和丰富翔实的数据。

7 小规模农业经营与农业现代化
关系再认识

7.1 小农经营的普遍性与本质

当我们提到小农经济时首先想到的是中国、日本、韩国等国家和地区的农业经营模式。实际上，小规模经营属于比较普遍的现象。按照世界银行的标准，在有数据可查的 106 个国家和地区中，户均农地经营规模小于等于 2 公顷的国家和地区有 31 个。根据 FAO 世界农业普查 2000 年数据，全球农业经营主体的平均经营规模为 5.4 公顷。其中户均面积最大的国家是澳大利亚，户均规模为 3243.2 公顷，最小的是科摩罗，为 0.1 公顷。中国户均规模为 0.7 公顷，为全球平均水平的 13%。需要强调的是，由于 FAO 世界农业普查项目十年进行一次，最新的 2010 年的相应数据表格尚未公布，所以只能用 2000 年的数据进行简单分析。

从各大洲的情况来看，它们之间的差别特别大。规模最大的首先是大洋洲，为 1884 公顷，其次是中北美的 117.8 公顷，再次是南美洲的 74 公顷，又次是非洲的 11.5 公顷，最后是亚洲的 1 公顷。在属于小规模经营（户均规模小于 2 公顷）的 31 个国家中有 16 个国家在亚洲，9 个国家在非洲。从全球来看，尽管一些国家，例如美国、巴西、加拿大、乌拉圭、南非、阿根廷、新西兰和澳大利亚等，户均经营规模可以达到 100 公顷以上，但全球农业经营主体的经营规模中位数只有 4.4 公顷。这意味着，从全球来看，有一半的国家和地区的农业平均经营规模在 4.4 公顷以下。因此，小规模经营在某种程度上具有全球的普遍性。

以各国平均耕地规模来刻画小规模经营的分布情况还不够科学，它掩盖了各个国家内部可能存在的极不平均的占地情况。表 7-1 是根据 FAO 世界农业普查项目 2000 年数据总结的全球农户（农业经营主体）的分布情况与各类规模主体的耕地分布情况。由数据可知，尽管从国别来看户均规模小于 2 公顷的国家只有 31 个（见图 7-1），约占统计总量的 30%。可是从全球经营者总量来看，经营规模小于 2 公顷的农户（实体）要占到总农户的 84.98%。如果说小规模经营农户占到了全球农户的绝大部分比例应该是客观的。

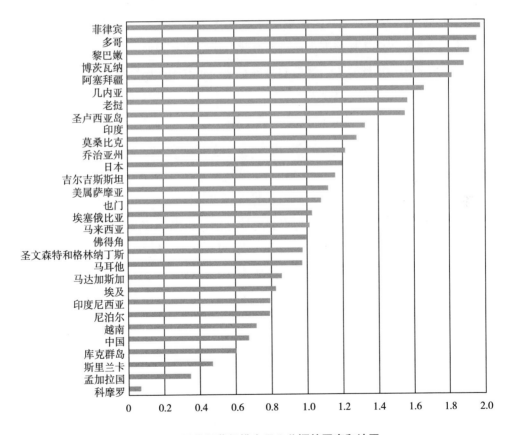

图 7-1　平均经营规模小于 2 公顷的国家和地区

资料来源：*World Programme for the Census of Agriculture*，FAO。

表7-1　全球农户分布及农户耕地面积分布情况　　单位：公顷，%

	少于1	1~2	2~5	5~10	10~20	20~50	50~100	100~200	200~500	500~1000
农户	72.74	12.14	9.39	2.78	1.38	0.85	0.35	0.20	0.11	0.06
耕地面积（不含中国）	3.26	3.88	7.22	5.43	5.32	8.41	7.66	10.28	10.68	22.34
耕地面积（含中国）	11.78	3.54	6.58	4.95	4.86	7.67	6.99	9.38	9.74	20.37

资料来源：*World Programme for the Census of Agriculture*，FAO。由于原始数据表格没有中国农业经营户规模的分布数据，耕地面积（不含中国）中小规模农户的土地占比严重偏低。耕地面积（含中国）将中国耕地面积全部放在了"少于1"一列。

　　就像19世纪的一些学者争论是该发展大农业好还是发展小农业好一样，在过去几十年间，关于中国农业的发展模式也有不少争论。有学者认为，大农业才是中国农业的未来出路，大力发展新型经营主体，鼓励工商资本进入农业才能提高农业竞争力（何秀荣，2009）。还有一些学者认为，中国只能坚持小农经营模式，认为小农经营具有独特的优势，是中国无法抛弃的选择（贺雪峰和印子，2015；姚洋，2017）。两派观点交锋由来已久，直到现在也没有在该问题上达成基本共识。

　　哪一派的观点更可取暂时不表，就两派的观点来看，农业经营模式似乎是可以人为选择，而且选定了一个好的模式就能促进社会更好地发展。实际上，我们审视一下不同国家的农业发展形态就会发现，到底是大规模经营还是小规模经营并不是人为刻意选择的，而是由资源禀赋决定的。自工业革命以来，世界农业发展模式基本形成了三种类型：一是以美国、加拿大、澳大利亚和新西兰等国为代表的新大陆模式；二是以英国、德国和法国等国为代表的欧洲模式；三是以中国、日本、韩国为代表的东亚小规模家庭经营模式。根据联合国粮农组织农业普查数据可知，新大陆模式户均规模大都在150公顷以上，欧洲模式户均规模在50公顷左右，而东亚模式一般小于2公顷。我们需要关注的是，美国、加拿大、澳大利亚和新西兰等国不是要刻意追求大农业，它们在发展之初的家庭农场经营规模就已经处于目前东亚国家和地区未来几十年都无法企及的水平。

　　农业经营模式因为带着"模式"一词，好像是一种制度安排，实际上它的本质应该是一种生产函数形式，属于技术的概念而不是制度。农业经营模式决定了劳动力、物质投入和土地之间的配比关系，它最终要由一国的要素存量（即资源禀赋）来决定。如果我们无法改变中国的资源禀赋就意味着我们无法选择生产函数，那么自然也就无法选择农业经营模式。认识到这一点十分关键，它意味着美国有美国的农业生产函数，日本有日本的农业生产函数，中国自然有自己的农业生产函数。它们之间不可替换，也不可学习，不同函数之间的变量是不能互换的。那么动辄主张走美国道路或者走日本道路，或者走欧洲道路都是不科学的，中国只有中国的道路。那么，中国农业发展的基本环境是什么呢？温铁军在20世纪末就已经给出了很明确的答案，那就是人多地少的基本国情。目前，中国有2亿户农户，户均土地规模10亩，即使90%的农户完全退出农业，户均土地规模也不过7公顷，与美国没有可比性。更何况中国也达不到如此高的非农化率，再加上不可避免的兼业化，中国实现美欧式的农业经营形态是完全不可能的。

7.2　小农理论简要评述

7.2.1　经典理论的交锋

在主流理论界关于小农的基本理论判断有三个，即马克思主义经济学范式下的"终将消失小农"理论、新古典经济学范式下的"理性小农"理论和社会学范式下的"生存小农"理论。下面将主要评述理性小农理论和生存小农理论。

从理论演化路径来看，生存小农理论出现得更早，而且在社会学领域提出该思想之前，经济学家早就形成了这种观点。在古典经济学研究范式下，生存工资是一个重要的概念，它是保障古典经济学中资本积累的重要理论基础。所谓生存工资指的是保障工人阶级人口再生产的工资。工人阶级的收入仅满足生存，没有更多的收入进行储蓄。这种工人阶级只获得生存工资的理论被马尔萨斯用于分析人口问题，并提出由于人口增长的约束，人们在长期中仅能获得生存工资。生存工资的概念在经济学边际革命以后就被舍弃了，等待着七八十年后被另外一个伟大的经济学家再次启用。

在社会经济学领域,由俄国农民学的创始人恰亚诺夫构建的所谓实体小农学派影响深远。实体小农学派认为,小农户是与资本主义企业不同的经济体,不能用构建在资本主义生产方式之上的经济理论进行解释。农户生活和生产受到社群伦理、生存理性、互惠原则传统与文化习俗的规定,其经济行为是受到多种约束的社会行为。恰亚诺夫认为,农户是自我雇佣者,无法核算工资,生产目的是为了自给,不是为了实现利润最大化。家庭是一个生产和消费的综合体,生产与消费无法分割。农户生产的目的是提高家庭的消费水平,他们为了实现产量最大化可能过度投入劳动力,最后导致边际产量小于市场劳动力价值,即出现所谓的小农"自我剥削"。恰亚诺夫认为,这种不考虑成本追求高产量的做法是不符合经济理性的。

实体小农学派的另外一个代表性人物是斯科特,斯科特通过对东南亚农业社会的研究为实体主义理论做出了重要贡献。他认为,由于小农生存条件恶劣,追求产量最大化而不是利润最大化才是其生产目标。斯科特发现,东南亚农民的经营逻辑与资本主义国家的农民不一样,当粮食价格波动时,农户并不对此做出应有的反应。基于此,他认为,前资本主义社会的小农户并不是追求利润最大化的。斯科特认为,"安全第一"是农民生存伦理的核心理念,为了规避产量减少,农民宁愿选择低风险、产量比较稳定的作物品种也不选择存在不确定性但潜在利润高的品种。斯科特提出了著名的"道义经济"命题,认为农民理念上认同小共同体,农村社区利益高于个人权利,人们为了生存往往会选择在社区内平均分配财富。

无论是恰亚诺夫还是斯科特都不是主流经济学家团队的一员,真正引发经济学关注的生存小农理论是由发展经济学家刘易斯提出的。1954年刘易斯发表了《无限劳动供给下的经济发展》一文,描绘了发展中国家存在的二元经济特征,并创立了发展经济学领域的二元结构理论。在其分析框架下,刘易斯认为,发展中国家的农业部门(或者传统部门)的生产者并不是按照资本主义生产方式进行生产的,要素投入也不是按照工资率等于边际产品价值来确定的。社会当中存在一个制度工资(或者生存工资),边际产出小于工资率的人也会因为社会制度而得到平均收入。剩余劳动力是刘易斯模型的核心概念,该概念所蕴含的经济学含义是农户在生产中会投入过多的劳动力，而超过一定量的劳动力的边际产量为零。也就是说，农户会雇用边际产量为零的劳动力。

刘易斯认为，发展中国家农业存在剩余劳动力的观点引起了舒尔茨的反对。他认为农户是理性的，无论是在发展中国家还是发达国家，农民在进行资源配置和生产决策时都会遵循市场经济理性原则，在理性选择基础上组织和实施农业生产。他否认发展中国家的小农在生产中存在效率损失，但并不否认由于缺乏知识农民会面临不确定性。农民之所以不愿意选择新技术是因为新技术存在较大的不确定性，农民选择不冒险本身就是一种理性的选择。他认为，发展中国家的农业之所以落后是因为新要素价格太高，使用太少。他认为，想要改造这些传统农业就需要对他们进行新要素的输入，并加强农民的教育，提高他们使用新要素的能力。

理性小农理论的另外一个著名的支持者是波普金。波普金（Popkin）在1979年出版的《理性的小农：越南农村社会政治经济学》一书中旗帜鲜明地反对斯科特的"道义经济"命题。波普金通过仔细观察发现，越南的农民无论是在生活中还是生产中都会娴熟地进行成本—收益分析，这一点与资本主义企业家没有什么区别。农民是理性的，在潜在利益面前他们也愿意去冒险。

直到现在，生存小农理论和理性小农理论的争论依然没有结束，而且主要是生存小农论者驳斥理性小农论者。在一些生存小农论者看来，理性小农理论将农户从他们生存的社会传统、制度、文化和组织架构中抽离出来，以个人主义的视角来分析农民。他们认为，这种分析方法忽视了发展中国家传统农业社会的贫穷和极其不健全的社会制度，忽视了农民的内部差异，忽视了农户在决策时面临的各种约束。因此，以理性小农为基础的分析结论是站不住脚的。

然而我们认为，以上批评是对新古典经济研究方法的误解。认为小农是理性的并不否认小农在生活和生产中会面临各种约束，更没有否认农民还有其他利益诉求。新古典经济学方法中的理性假设只是说明农民在生产决策时会以利益最大化为目标函数，而生存小农学派强调的那些约束都包含在了小农决策函数的约束条件中。生存小农学派提出的那些小农生产生活中的表现都可以在经济学上有较好的解释，而且这些解释完全可以在农民理性的基础上展开。例如，恰亚诺夫认为的小农会出现所谓的"自我剥削"现象，只是因为对于农户而言，由于信息的不充分、市场的分割或者仅是因为人力资本门槛使他们难以找到合适的非农工作。在学者看来，农民已经把劳动力的投入增加到边际产品价值小于劳动力市场价格的水平，只是他们忽视了劳动力转移的现实约束。斯科特之所以会发现农民不会随着粮食价格的变化改变粮食生产决策，极有可能是因为在那些农户的生活中，粮食是最具有投资价值的商品，在不确定的环境中增加粮食储备效用是最大的。特别是在贝克尔建立家户模型后，农户生产与消费不分的问题已经解决，理性小农理论无论是在理论架构上还是在扩展性上已经完全包含了生存小农理论。

7.2.2　中国小农理论的发展与评述

7.2.2.1　黄宗智的"过密化小农"理论

"过密化"也称为"内卷化"，最早由经济学家舒尔茨提出。他在考察爪哇水稻农作时发现，由于人口压力，也由于缺乏其他的就业渠道或者其他的就业渠道很少，农民在农田上投入劳动力的边际报酬或边际产出呈现不断下降的现象，直到劳动投入对产出的贡献为零。舒尔茨给爪哇水稻农作集约化到报酬收缩的现象，冠以一个特别的名称叫"农业内卷化"。即单位土地上劳动投入的高度密集和单位劳动的边际报酬减少，直至边际报酬为零。

黄宗智（1992）通过对华北与长江三角洲的农业经济资料的分析，提出了农业"过密化"主张，其核心内容在于以劳动边际报酬递减的代价换取农业生产的劳动密集化。黄宗智认为，中国自明清以来直到改革开放以前的农业存在普遍的"内卷化"现象。黄宗智在翔实的经验证据基础上论证了小农在人多地少客观环境下被迫在长时期选择高密度劳动投入来换取有限的土地产出。土地产出的增长被人口的增长所消费，使 1350～1950 年长达 6 个世纪以及 1950～1980 年农业集体化时期，中国最发达的长江三角洲地区的小农长期徘徊在糊口的边缘，导致"有增长、无发展"，这就是著名的黄氏"过密化"理论。

客观地讲，黄宗智的这个论断并没有实质性的创新，舒尔茨早就利用这个理论研究了爪哇稻农的行为，实际上恰亚诺夫早在 20 世纪初就提出了近乎一致的观点。关于为什么中国历史上农业"有增长、无发展"，农户仅能保持在生存状态，Mark Elvin（1973）提出的"高水平陷阱"理论也有很强的解释力。Mark Elvin 认为，中国之所以在工业革命前一千多年里领先世界，而后又被欧洲所赶超，是因为中国受到人口众多、资源匮乏的限制。由于中国人口众多，就必须全力发展农业技术，以至于到欧洲工业革命时，中国的农耕技术远远领先于欧洲。但是，农业技术的改进所带来的收益完全被新一轮的人口增长所吞噬；而人口的增长又进一步带动农业技术的改进。如此往复，中国在较高的农业水平上维持了巨大的人口。相反，中国工业的发展却受到了有限资源的约束。

不过，需要强调的是，如果严格分类的话，无论黄宗智如何看，他的观点应该还是理性小农理论的扩展。在他的分析思路中，农户过密化行为是追求产量最大化的表现。而之所以要使劳动投入增加到边际产量为零的状态，是因为农户没有其他就业途径，劳动力的机会成本可以为零。从理论上讲，过密化并不违背主流经济学资源配置的基本原则。

7.2.2.2 徐勇和邓大才的"社会化小农"理论

社会化小农就是社会化程度比较高的小农户，即"社会化+小农"。或者说，与外部世界交往密切，融入现代市场经济，社会化程度比较高但经营规模较小的农户。社会化小农既不同于排斥社会化、拒绝市场、对强权具有依附性的传统小农，也不同于采取企业化经营的大农场。社会化小农的发展阶段处于传统小农和社会化大生产之间，具有独立性和特质性。这个阶段与商品小农有重叠，但外延比商品化小农更大。如果将商品小农作为一个独立阶段，小农可以分为四个阶段，即传统小农、商品小农、社会化小农、理性小农。如果将商品小农并入社会化小农，小农发展只有三个阶段：传统小农、社会化小农、理性小农。社会化小农的特征：一是社会化程度高；二是经营规模比较小；三是一个独立的生产形态，具有与其他发展阶段不同的特质（徐勇和邓大才，2006）。

他们认为，集体土地所有制和土地均分政策是小农社会化的前提，二元社会体制和城市社会发展进程决定了小农行动单位的二元性及其发展进程，社会结构决定了小农的行动领域及范围，而这些条件的综合性作用导致了小农行为属性的根本性变化。正因如此，他们把"社会化小农"理解为传统小农在后集体化时代自觉融入社会化分工体系之中，受外部因素、社会条件影响并塑造而成的一种小农形态。与传统小农相比，行为的外部性是社会化小农的主要表现，个体的社会化是突出特征，动机的多样性使其经常面临着困境，而综合效益的最大化则可能是其发展的必然结果。在当前以家庭承包经营为基础、统分结合的双层经营体制下，小农有可能与社会化生产要素高度融合，在实现农业现代化改造的同时实现自身的社会化改造，从而向社会化小农的高级阶段发展；也有可能在放弃生产经营权的前提下蜕变为市民；还有可能成为家庭式农场的经营者，成为与发达国家相似的现代农民（徐勇和邓大才，2006）。

社会化小农是对目前中国家庭经营格局下小规模农户的一个恰当描述。但是该理论同样存在一些问题。最大的问题是，徐勇和邓大才将社会化小农界定为传统小农和现代小农的过渡阶段，并且认为只有现代小农才有利润最大化动机，而社会化小农不具有利润最大化动机。这种论断并不是对现实中的农户行为的正确描述，该问题我们将在下面进行阐释。从本质来看，社会化小农理论可以划分到生存小农理论的范畴来理解。

7.2.2.3 贺雪峰的"半工半耕+中坚农民"理论

贺雪峰（2015）认为，中国式小农经济在当前中国基本农业经营制度下正在成形，其主要表现是小农经济出现了两个重要变化：第一个变化是农民家庭中普遍出现了以代际分工为基础的半工半耕结构，即家庭中年轻成员进城务工经商，而缺少城市就业机会的中老年成员留村务农，农业收入只是家庭收入的一部分，务农不仅没有影响农民家庭进城务工经商获得收入，反而因为农村生活成本低，农民家庭可以有更多的积蓄。第二个变化是农村开始通过土地自发流转形成"中农"，即有一些农民全家进城，他们的承包地就流转给亲友邻里。因为进城无法种田，流转土地的租金就很低。流入土地的农户往往是相对年富力强者，这些年富力强或者因为父母太老或子女太小，或者在农村从事副业，或者当村组干部，或者就是不想进城务工而喜欢农村的月明风清，他们有比较强的进行农业经营的能力，通过流入土地，形成一个适度的经营规模，如30亩的经营规模，从而可以从农业加副业中获得不低于外出务工的收入。这些年富力强的农民，经济收入在村庄，社会关系在村庄，又可以保持家庭生活的完整，他们就成为了村庄中的"中坚农民"，"中坚农民+留村老弱病残"可以形成一个相对稳定的村庄结构。

"以代际分工为基础的半工半耕"结构和"中坚农民"结构，共同构成了中国式小农经济的模型，前者是主体，后者是重要的补充。中国式小农经济的生产和维系得益于体制性城乡二元结构和农村基本经营制度，两者均构成了中国式小农经济的制度基础（贺雪峰，2015）。

贺雪峰的理论深入描绘了中国农村社会的现状和可能的未来，对农户的家庭结构与成员分化也有很好的把握。但就其理论而言也存在不小争议：第一，在一些学者看来，贺雪峰只看到中坚农民的发展潜力，却忽视了中农内部的资本积累动力，忽视了潜行的阶级分化。这种趋势将导致小农户被不断增长的新型经营主体取代（严海蓉和陈义媛，2015）。第二，贺雪峰把以代际分工为基础的半工半耕的农户结构作为中国保持工业化竞争力的一种基础，这不仅可以提供可靠的廉价劳动力，而且为应对经济周期提供了强大的农村"稳定器"和"蓄水池"。但在一些学者看来，这种制度构想造成的危害也是难以估量的。

7.2.2.4　温锐的"动态开放小农"理论

温锐和范博（2013）认为，中国小农户经济总体上是一个"动态开放"的系统，具体内容概括为几个方面：第一，小农户经济是中国农村经济社会长期发展的"活水源头"，小农户经济及其家庭经营模式的选择，是由生命适应生命（农业劳动是具有生命的动植物的生产过程）的"农业生产规律"和家庭经营模式权、责、利明确的特点所决定的，其利益结构一元化，激励机制高度优化，具有自我激励、自我适应与自我转化的功能，蕴含着不断自我创新与采用同时代先进技术的内在动力。小农户经济不仅在历史上具有先进性，并为经济社会发展发挥了重大作用，而且在当今经济社会发展中也对现代农业具有高度的适应性。第二，小农户经济始终具有连接商品经济与市场的"基因"。第三，小农户经济是农业经济乃至于社会经济发展的基础。

总之，小农户经济所具有的"动态开放"的内生动力决定了其永恒的韧性和顽强的生命力，从而不仅能在传统农业生产力水平低下的条件下实现要素优化配置与效益最大化，而且，即便是在现代农业生产力高水平的条件下也极富效率；它不仅能完成现代化转型，而且是推进全社会现代化的动力源泉之一。总的来看，温锐的"动态开放小农"理论是目前最接近舒尔茨理性小农理论的中国小农理论。

7.2.2.5　高帆的"过渡小农"理论

在对"道义小农"和"理性小农"两个理论线索梳理的基础上，高帆（2008）提出，中国正处在体制转轨和结构转化同时推进的阶段，农户的经济性质具有从"道义小农"向"理性小农"的过渡性质，其表现包括：在生产目标方面，农户生产目标仍体现为风险规避和利润追求之间的组合。但通过市场追求利润正逐渐处于主导性地位；在要素投入方面，农户的要素投入虽然强调劳动的基础性作用。但对资本和技术性因素的使用程度在不断增强；在市场条件方面，在渐进式市场化改革的背景下，中国农户经营所面临的外部市场条件正在不断改善。但与"理性小农"假说所隐含的完备市场状态相比仍有很大距离。

从现实性来看，过渡小农的描述可能最符合农户现实，毕竟我们总能在农户中找到一些表现得更加理性，有一些表现得更符合"道义小农"的特征。但是从理论来看，过渡小农理论混合了两个相互冲突的理论内核，理论张力和推衍能力不足。

7.2.2.6 徐旭初的"组织化小农"理论

徐旭初（2018）认为，要实现小农户与现代农业发展有机衔接，必须通过组织化路径，提供现代农业服务。为了有效解释自改革开放以来小农为改善自身福利并不断尝试对接农业现代化的初始动机及其行为逻辑，他提出一个"组织化小农"（Organized Smallfarmer）的概念。"组织化小农"是一个解释性概念，顾名思义，就是指组织化程度比较高但经营规模较小的农户。与此相对应的"小农组织化"（Organizationof Small Farmer）概念，是指小农以市场为导向，以合作制为基础，以利益机制为纽带，依据现代农业的发展要求进行有效整合的过程、系统或状态。

"组织化小农"的观点与马克思描述的"一个个马铃薯"式的小农有着根本性的区别，但鉴于该概念刚刚提出，还缺乏有效的阐释，其解释力如何还有待检验。

7.3 中国农业现代化研究视角下小农经营的角色

小农经济在我国的历史长河中流淌了几千年，直到今天，分散的小农户生产在我国仍很普遍。随着我国农业现代化进程的加快，学者对于小农户在农业现代化中所扮演的角色争论不休，大致可分为以下三类：

第一类是完全否定小农户的作用，认为小农经济应该被消灭或取缔，翟文华和周志太（2014）提到小农经济，以牺牲效率为代价，只能造成隐蔽性失业和农民兼业化，因而并不能换来社会稳定。小农经济规模小、技术推广难、抗灾能力弱，经济效益差、农民增收难，大量农民半工半农而粗放经营，甚至抛荒和浪费农地，威胁了国家的粮食安全。小农经济增加新技术的使用成本，制约农业科技应用的广度和深度，导致交易成本和生产成本增加，他们认为农业资本化取代小农经济是必然的，并从资本化是现代农业的必由之路、资本化是高投入农业的要求、资本化是高效益农业的要求、农业资本化的可行性四个方面阐述了自己的观点。贾瑞稳和胡静（2011）认为，我国农业经济发展面临着两大矛盾：经济快速增长对农业的巨大需求与有限农产品供给的矛盾和滞后的农业生产结构与不断变化的市场需求结构不一致的矛盾，并把家庭经营模式中形成的小农经济归结为这两大矛盾的根源，小农经济是在市场建立之前形成的，不能很好地适应现代农业在市场经济下发展的需要。杨莘（2012）则以华西村、南街村、兴十四村等多个走集体化道路的农村实现共同富裕的实例，提出以农户为基本单位的个体经济即小农经济，不可能也不应当是未来中国农村经济制度的终极形态，其本身是一个不稳定的过渡体……发展集体经济是破解"三农"难题、实现中国农业现代化的必由之路。这种以户为单位的个体小农经济，也与农村生产社会化、专业化、商品化趋势和农村公共产品的社会化提供是较为不相适应的。

第二类观点与第一类观点相悖，充分肯定小农户的作用，以贺雪峰教授为代表，他坚持"小农经济"理论，中国的农业现代化道路必然是小农经济的现代化之路，农业现代化与小农经济不应该相互排斥，农业现代化并非当下的激进，而应该是在秉持小农立场的前提下，充分尊重农业生产领域基本规律的有效渐进，批评了当前流行的农业现代化激进主义，认为他们误判了城市与农村、农村与农业、农业经营主体与农业生产规模效益等几对基本关系，不仅未能解决当前农业生产中的真实问题，反倒使真实的农业发展问题的解决面临更大困境。姚洋（2017）也提到在现代社会，小农经济常常背有"恶名"。一般观点认为，它阻碍了工业化进程，但是一直没有人在理论上把背后的原因说清楚。中华人民共和国成立后，不少中国人也认为小农经济落后，主张以社会化大生产的学派否定小农经济，其理论基础仍然缺乏现实依据，同时他提出中国的小农经济有两大优势——催生了大量掌握着各种经验的小农和小农经济中的"无剥夺的积累"，他认为，目前中国不能抛弃小农经济有其现实原因，大规模的农业经营或者农业商业化，我们都做不到，因为中国的国情是人多地少，跟欧美动辄几百英亩的大农场相比有天壤之别。我们应该有一个心理准备，农业在中国是极其昂贵的行业，包括在日本、韩国乃至整个东亚地区都是如此。说它昂贵，是因为农业主要是粮食种植，是不可能有丰厚的商业利润的。在全球范围内，这种情况有一定普遍性，西方很多大农场也主要依赖财政补贴。

第三类则是中和的看法，比如学者张孝德（2016）提到农业现代化是小农基础上的现代化，原封不动地继承小农经济生产方式与"去小农化"的农业现代化都不符合中国国情。小农经济与农业现代化并非是不可调和的矛盾体……农业现代化的功能定位不是发展具有国际竞争力的现代农业，而应是小农经济所承载的维护国家粮食安全和农村社会稳定，农业现代化归根结底是全体小农农业生产经营的现代化，并非通过大资本下乡挤占小农生产空间。大规模农场道路不适合中国农业现代化的选择，世界农业经济有小规模化回归趋势，对于农业现代化的反思应放在中国小农经济历史与现实的长周期中进行……当前，小农经济的发展面临着小规模与大市场之间的困境，构建综合性农民合作组织是化解这一难题的有益探索，同时要完善农业社会化服务体系，发展乡村产业，走出中国特色农业现代化之路。孔祥智（2018）的观点是我国应逐步健全农业社会化服务体系，使小规模农户成为农业现代化的组成部分，中国的农业规模经营，尤其是以土地租赁为主要内容的土地流转，存在各种问题，不利于实现农业现代化。在这样的背景下，中国未来的农业发展应以健全农业社会化服务体系为主要方向，进一步提高农民的组织水平，通过服务的规模化来实现小农户与现代农业发展的有机衔接。

7.4 中国小农经营的现代农业特性

7.4.1 现代农业的内涵

客观地讲，中国目前对现代农业内涵的界定相当不明确，甚至有不少误解。

作为一个复杂的系统，给现代农业一个明确的定义肯定是不容易的。想要理解它的内涵就要从它的对立面入手。现代农业的对立面是传统农业，只有理解了传统农业的内涵，才可以理解现代农业的内涵。

要理解传统农业的内涵就要回归该概念的本来出处。西奥多·舒尔茨在其1963年出版的经典著作《改造传统农业》中提到了他对"传统农业"的早期研究成果。按照舒尔茨的定义，不使用现代要素的农业生产都被视为传统农业的范畴。传统农业主要依赖三大传统要素，即土地、人力和畜力进行生产，因此其生产效率很低。从技术和收入的层面来看，传统农业是贫穷的，农民始终处于温饱的边缘。这种情况与前面提到的生存小农理论描绘的情景比较类似。但是舒尔茨也认为，从家庭层面的资源配置来看，传统农民又是有效率的。在《改造传统农业》一书中，他列举了塔斯克关于危地马拉农民的研究和霍柏对印度农民的研究来说明传统农业的农民虽然穷，但并不在资源配置上没有效率。

弄清楚什么是传统农业，那么现代农业的内涵自然就清晰了。根据舒尔茨的观点，所谓现代农业就是采用现代要素投入的农业形式。这里的现代要素主要包括两种：一种是以节省劳动力、降低劳动强度为主要目标的农业机具；另一种是以提高土地生产潜能为主要目标的化学类和生物类投入要素，例如化肥、农药、新种子和其他生物药剂等。当然，在舒尔茨看来，不是说农民偶尔使用这些现代要素就表明他们的农业就是现代农业。要将传统农业改造成现代农业就需要对农民进行投资，提高他们的人力资本水平和适应现代农业发展的能力。只要农民能系统地、自觉地适用现代要素，并根据技术的进步不断调整自己的要素投入，就可以认为这种农业已经从传统农业转变为现代农业。

这一定义与目前国内做农业现代化研究者的主要思路不一致。在农业现代化研究者看来，农业现代化是有一些标准的，只要达到了这个标准，才能说中国农业已经步入现代农业。这种农业现代化研究思路从促进农业与农村工作开展的角度来看是很有意义的，但是这种通过标准体系来界定农业发展形态的方式存在根本性的方法论缺陷。第一，全球有三种主要类型的发展模式：以美国、加拿大、澳大利亚和新西兰为代表的超大规模农业经营模式，以日本、韩国为代表的东亚小规模经营模式，以英国、德国和法国为代表的欧洲农业发展模式。而且每一个模式下都有我们认可的现代农业标杆，哪个才是中国农业现代化实现的目标？第二，现代化本身是一个动态的过程，中国农业在发展，发达农业经济体的农业也在发展，制定指标体系的做法无疑是给中国的现代农业制定了一个不断提高的标准，意味着中国农业可能永远无法实现农业现代化。第三，人为确定指标体系的做法使不同的研究者测算的农业现代化水平不一致，不同地区横向比较还可能出现完全相反的结果，这种缺乏统一标准的研究思路本身就缺乏客观依据。第四，从根本上说，农业发展模式是本国资源禀赋决定的，确定明确的数量化标准本身就存在将农业现代化模式唯一化的嫌疑。第五，确定一个数量化的现代农业标准本身就否认了已经实现现代化的国家农业发展水平进一步提高的可能性，否定了不同现代农业国家农业发展水平的差异。

正本清源，真正有价值、可横向比较的现代农业标准还是舒尔茨 1963 年提出的标准。

7.4.2　中国农业的现代性表现

7.4.2.1　要素投入水平

根据舒尔茨的观点，传统农业适用传统要素，而现代农业适用现代要素。现代要素主要包括三种：以化肥和农药为主的化学要素、以良种和生物产品为核心的生物要素和以现代农业机具为标准的物质资本投入要素。那么，下面就分析一下目前中国农业现代要素的投入强度问题。

图 7-2 反映的是 2002~2016 年中国、美国、英国和日本 4 国每公顷农作物的化肥有效成分的投入变化情况。2002 年，中国、日本和英国的单位化肥投入情况相差不大，但是中国增长较快，到 2014 年施用量达到顶峰。日本和英国在 2007 年以后有明显的化肥减量化的趋势。虽然中国从 2015 年开始化肥施用量也开始减少，但绝对施用量远超美国、英国、日本。美国与中国、日本、英国农业禀赋不一样，对化肥的施用量一直保持在较低水平。总的来看，中国化肥的施用强度远超另外 3 个现代农业国家，面临着较为严峻的减量化任务。

图 7-3 显示的是 2002~2016 年中国、美国、英国和日本 4 国每公顷农作物的农药有效成分的投入变化情况。2007 年之前，中国农作物的农药投入强度没有日本大，2007 年开始超过日本，并在 2013 年达到高点，后逐步回落。日本的农药投入强度从 2002 年开始就在动态下降，但到 2016 年时与中国的投入强度相

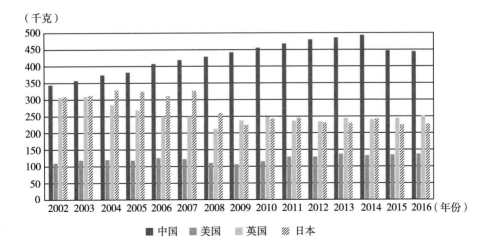

图7-2 每公顷农作物化肥有效成分施用量

资料来源：FAOSTAT；有效营养成分为氮磷钾肥有效成分的总和。

差不大。美国和英国的农业资源禀赋要比中国和日本优越得多，因此，对土地的产出波动风险控制没有中国和日本那么严格。仅从农药的适用强度来看，中国远超过美国和英国，和日本处于同一个水平。与化肥类似，中国的农药投入目前面临较大的减量化任务。

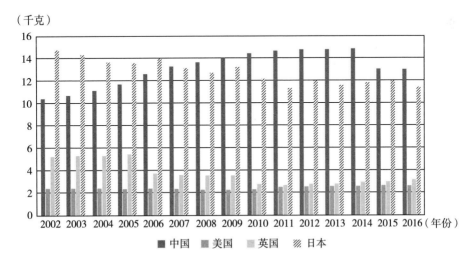

图7-3 每公顷农作物农药有效成分使用量

资料来源：FAOSTAT。

图 7-4 显示的是中国、欧盟和美国在 1961~2008 年每 100 平方千米可耕地上拖拉机保有量的变化情况。可以看出，20 世纪 70 年代末以来中国农用拖拉机的保有量快速增加。特别是 2004 年以后随着农机具购置补贴政策的推行，拖拉机保有量快速增加。FAO 数据库没有收录 2008 年之后的数据，而中国统计资料显示中国 2008 年之后的农机具保有量变化不大，因此无法再呈现相应的对比数据。第三次农业普查和第二次农业普查得到的拖拉机保有量都是 2690 万辆，考虑到 2006~2016 年的农机具购置补贴政策，这显然不符合常识。这与现行的农机具购置补贴政策的实施方法有关，与行政区划相挂钩的农机具补贴办法扭曲了地方政府的行为，瞒报漏报农机具数量的现象比较严重。

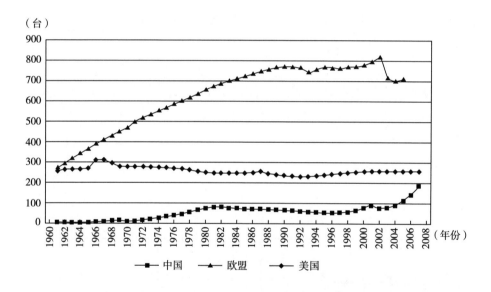

图 7-4　每 100 平方千米可耕地拖拉机保有量

资料来源：FAOSTAT。

即使考虑地方政府瞒报漏报农机具这一因素，中国的拖拉机也难以达到欧盟的水平。这里有两个因素值得考虑：一是中国户均规模较小，大量的机械作业可以通过购买社会化服务体系来完成，农户购买拖拉机的动力变弱了。20 年前，山东省鲁西南地区的农户几乎家家都有小型拖拉机或者农用三轮车。目前，大部分农户不再使用这些农机具，因为有社会化服务组织提供的农机服务既便宜又便捷。而欧洲恰恰相反，户均 40 公顷的经营规模可以支撑农户购买农机具，再加上政府的补贴，农户购买农机具的动力就较强。日本是另外一个例子。2008 年时日本每 100 平方千米的农用地上拖拉机的数量超过了 4000 台，是美国的 100 多倍。其原因在于日本农地多分布在丘陵山区，大规模农机具并不适用，农户倾向于购买适合丘陵山区的小型农机具，加之有政府补贴，这就导致日本农户户均小型拖拉机保有量比较大。

7.4.2.2 市场参与程度

在绝大部分关于小农的批判中，小农户的自给自足和封闭性一直都是被批判的重点，那么现在中国农户还是自给自足和封闭的吗？

有史以来，农民种田的主要目的是保证家庭温饱，传统的男耕女织的社会结构恰好印证了农业的这一社会功能。在人们的印象中，男耕女织恰好是农业自给的主要特征之一。而现在的中国，农民生活生产已经完全融入市场之中，且不说农资和生活物品的购买，即使是农业生产也主要是为了供应市场需要而不是家庭需要。图 7-5 显示的是粮食播种面积占总播种面积的比重变化情况，可知粮食在农户经营中的比重在不断降低。

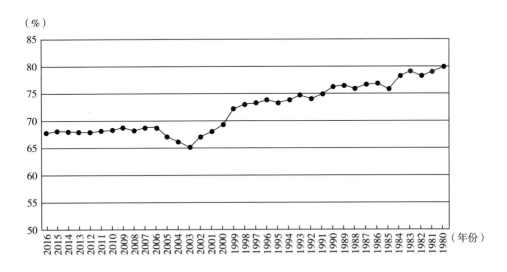

图 7-5　中国粮食播种面积占农业播种面积的变化

资料来源：国家统计局网站。

以上信息可以通过表7-2内容进行进一步的分析。表7-2反映了过去20年中国农业产值分项占比情况。由表7-2可知，农民生产结构日益多元化和市场化，粮食的份额下降了一半多，而园艺和林果业占比有了显著提高。这说明农民种植的市场化趋势十分明显。

表7-2　农林渔业产值分项占比变化情况　　　　　　　单位：%

	2016 年	2006 年	1996 年
农林牧渔业总产值	100.0	100.0	100.0
农业产值	52.9	50.8	57.8
谷物	12.0	16.6	25.9
蔬菜园艺作物	21.7	16.1	21.9
水果、坚果、茶、饮料和香料	10.2	6.2	
林业产值	4.1	3.8	3.3
牧业产值	28.3	32.2	30.2
渔业产值	10.4	10.4	8.6

资料来源：历年《中国农村统计年鉴》。

从农户收入来看，农业收入已经降到了农户家庭纯收入的26.4%，一多半的收入来自第二产业和第三产业（见表7-3）。农户半工半耕模式已经成为主流，绝大部分收入来自家庭外部，这已经与传统农户有了本质区别。

表7-3　农户家庭纯收入分类占比变化情况　　　　　　　单位：%

	2016 年	2006 年	1996 年	1986 年
可支配收入构成	100.00	—	—	—
工资性收入	40.60	38.33	23.40	—
经营净收入	38.30	53.83	70.70	81.00
第一产业净收入	26.40	—	—	—
第二产业经营净收入	2.30	—	—	—
第三产业经营净收入	9.60	—	—	—
财产净收入	2.20	2.80	2.20	—
转移净收入	18.80	5.04	3.60	—

资料来源：历年《中国农村统计年鉴》。

7.4.2.3 农业技术进步

根据舒尔茨的观点，传统农业虽然在家庭资源配置上是有效率的，但这只是静态的效率。传统农业不存在动态的生产效率，因为技术长期停滞，科技对农业生产的贡献率几乎为零，农业产出主要依赖于土地和劳动力等要素的扩张。那么中国现在的农业如何呢？

提到技术进步就不能不提要素投入，在现实世界中技术进步很大程度上可以体现为生产要素的升级换代。中国农业增长的主动力不再是要素投入，而是农业科技进步。根据 2018 年 9 月中国农业科学院等单位发布的《中国农业农村科技发展报告（2012—2017）》数据，目前中国农业科技进步贡献率为 57.5%，比2012 年提高了 4 个百分点。中国主要农作物（主要是粮食）良种基本实现全覆盖，中国科研人员自主选育品种面积占比达 95%，畜禽水产新品种供给能力不断提升。2017 年农作物耕种收综合机械化水平达 67%。

有研究显示，中国农业不但存在技术进步，而且全要素生产率还高于第二产业和第三产业。类似的研究还有美国和韩国。美国在 1929~2008 年农业的全要素生产率平均每年增长 3.96%，相比之下，制造业和服务业的增长率仅分别为1.71% 和 0.8%（Mao 和 Yao，2012）。这种对比不限于发达国家，经历了经济快速增长的发展中国家也如此。例如，1970~2009 年，韩国农业的全要素生产率平均每年增长 4.38%，而制造业和服务业的增长率分别是 3.07% 和 0.8%（Mao 和Yao，2012）。农业和其他两个产业的一个不同点是它的同质性。工业技术的开发受限于行业，一个行业里发展出来的技术不容易被其他行业所吸纳；相比之下，一种新小麦品种的开发基本上可以让全世界的小麦种植者受益。换言之，农业技术具有比其他两个产业更大的规模经济，因此，农业技术的进步更快。

7.5　小结：现代小农应该是看待中国农业问题的基础

基于以上分析，我们可以很确信地判定，目前中国的农业已经是现代农业，中国农民是现代化小农，而不再是传统小农。关于这个判断，或许会引起一些学者的质疑：如此小的规模，如此弱的农业能是现代农业吗？中国农业竞争力与新大陆国家相差那么多，中国农业的现代性何在？

首先，农业是不是现代农业与规模没有关系，倘若如此，日本、韩国肯定也不是现代农业。可是国内学者一般认为日本、韩国已经实现了农业现代化。现代化与否的标准还应该是舒尔茨的要素标准，规模只是一种经营形态。不同的规模下会有不同的农业现代化模式。其次，中国农业竞争力是无法与美国、澳大利亚和新西兰等农业资源禀赋优渥的国家相比，实际上全球绝大部分农业现代化国家的竞争力都无法与这些国家相比，但并不妨碍他们的农业实现现代化。实际上，大部分实行小规模农业经营的经济体，即使实现了现代化也不一定有较强的国际竞争力，如日本、韩国。最后，现代农业只是一个性质的界定，已经是现代农业并不意味着农业不再发展。认为中国农业已经是现代农业也并不否认中国与一些更加发达国家相比还有很大的差距。

但是，承不承认中国农业是现代农业对如何看待中国农业政策影响重大。传统小农和现代化小农的目标是不一样的，如果看不到中国农户的现代性特征，就会出台不合适的政策。如果认为中国还是传统农业，农民还是传统小农，那么农业政策的导向应该是保障农民的生存，同时千方百计地提高农户的市场参与度以保障农产品的市场供给。如果认为农民是传统小农，当农产品市场供给不足时，决策者会认为是农户保守导致的，而不会承认是价格扭曲导致的。如果承认农民是理性的，那么就应该利用市场机制引导农民的行为，而不是认为农民生产存在问题而进行微观干预。

总之，一旦认识到中国农户已经不再是传统小农，对中国农业与农村问题的很多论断就需要进行重新思考。

8　农户内代际传承：家庭经营可持续发展的有效途径

8.1　农业家庭代际传承的必要性

农业劳动力老龄化是一个全球性的趋势。2012年美国农业普查数据显示农业就业人口平均年龄为58.3岁，按照1997~2012年每5年上升1.43岁的速度计算，2017年农业就业人口平均年龄将高达59.73岁。2015年韩国从事农业人口的平均年龄已达65.3岁，日本从事农业人口的平均年龄已达66.3岁。中国从21世纪初进入老龄化社会以来，农业劳动力供求状况从过剩开始向短缺转变。中国第六次人口普查数据表明，50岁及以上的农业就业人口占比为27.57%，相比第五次人口普查上升7.55个百分点，照此速度，2017年中国50岁及以上的农业就业人口占比将高达35.12%。

现有研究表明，中国农户大多兼业，实际参与农业生产的农户的老龄化程度要比统计数据严重得多。务农人口老龄化对农业竞争力、农产品供给和农村社会经济发展都会有负面影响（何福平，2010；陈锡文等，2011；杨俊等，2011）。对中国这样的人口大国，务农人口老龄化带来的后果更为严重，应当予以重视。美国、日本等面临老龄化挑战的国家早已认识到农业人口老龄化带来的严重后果，为了保障本国农业的可持续发展，都在探索可行的应对措施。韩国政府出台的农业继承者扶持计划和专业农民（专业户）培养计划不仅有效减少了农村青壮年劳动力弃农，缓解了农业人口老龄化、女性化，也为农村培养了大批中坚人才，为确保农业和农村经济持续发展、实现农业现代化、保障社会稳定提供了可资借鉴的参考（黄敏英，2000）。日本实行的农业认证者制度在改变农户经营状况，提高农业生产效率，加快土地流转以实现农业规模化经营方面产生了良好的效果，不仅有效地解决了农业继承人问题，还促进了农业可持续发展（赵维清，2012）。美国的新型职业农民也面临老龄化问题，不断吸引新人尤其是青年人进入农业领域是应对农民老龄化的根本之策。美国把培养新型职业农民视为促进农业可持续发展和保障美国粮食安全的基石（夏益国，2015）。英国、法国和德国通过对管理体制与机构、培训形式与方式、培训证书制度与相应考试、培训法规的制定与实施等方面的分析，全面揭示了农民培训不但满足了农民对培训的需求，切实提高了其科技素质，解决了农业继承人问题而且也对世界上其他国家农民培训体制的建立产生了重大影响（谷小勇，2004）。针对中国农业人口老龄化及与其相关的农业竞争力降低等风险，国内学者的解决措施主要聚焦于土地流转、培育新型经营主体等方面，对家庭内部代际传承问题关注不够。

在小农经济占主导地位的中国，受现实世界复杂性和非经济因素的干扰等限制短时间内通过土地流转解决农业人口老龄化问题具有非现实性。鉴于机械化和雇佣劳动对农业生产者的替代以及农户理性选择，农户兼业具有不可逆转性。由此，培育新型经济主体或专业大户只能作为解决农业人口老龄化的备选方案。北美、东亚和欧洲发达经济体的应用实践表明，解决农户人口老龄化的主选方案是农户农业经营家庭内部代际传承（Corsi，2009；Mishra，2015）。已有研究发现，中国农业经营家庭内部代际传承面临困难。随着农户兼业化、非农化日趋明显，目前从事农业经营的农户十几年后由于生理或心理原因不能种地而其农户子代大多外出打工或从事非农产业，那么土地应该传递给谁？这个问题已经成为摆在政府面前的难题（朱红根，2010）。然而，前期调查表明冀鲁豫三省农地流转市场（除企业、外来人等）面临供不应求和租金上升局面，农户耕地流出意愿小于流入意愿，务农倾向强烈。不仅如此，中国改革开放后的第一代农户年龄集中在50~60岁，还没有出现大规模农业经营代际继承需求。十几年后第一代农户体力不足，农户子代可能大批出现。中国农业经营家庭内部代际传承是否真的面临困难，主要受哪些因素的影响是亟待解决的问题。

本部分基于冀鲁豫三省调研数据从父代农户农业经营代际传递意愿、农户子代农业经营代际继承意愿和继承时机三个维度对以上问题进行论证。这为农业继承人难题提供了新的论据，充实了目前中国学术界农业经营代际传承的研究成果。农业经营家庭内部代际传承能减少青壮年农业劳动力弃农，缓解农业人口老龄化，是培育新型职业农民和新型农业经营主体、确保农业和农村可持续发展和实现农业现代化的必要措施。这不仅有助于克服土地流转关系不稳固困难，提高农村劳动力整体素质和促进农户土地适度规模经营，进而提高农业生产力；而且有利于保证国家粮食供应、提高出口收入和维护国家安全。农业经营家庭内部传承可以有效缓解社会养老压力，是老龄农户退出农业经营后得以养老的实践依据。

8.2 农业经营代际传递现状及影响因素

8.2.1 农业经营代际传递现状

目前，冀鲁豫三省受访农户农业经营代际传递面临困难。在受访的父代农户农业家庭经营中最为普遍的情况就是"目前主要自己种地，过几年把地给子女种"，这种情况的比重占到全样本农户的 25.28%。同时，23.79% 的受访农户认为子女绝没有种地的可能性，20.82% 的受访农户认为"将土地给子女"这个问题现在讨论为时过早，15.61% 的受访农户仅考虑过将农业资源传递给子女。占比最小的情况是父子同耕，这种情况仅占全样本农户的 14.50%。如表 8-1 所示。

表 8-1 父代农户农业家庭经营代际传递的现状　　　　单位：%

传递状态	目前家庭农业经营状态	比重
有明确继承人	目前父子共耕	14.50

续表

传递状态	目前家庭农业经营状态	比重
没有明确继承人	目前主要自己种地，过几年把地给子女	25.28
	目前主要自己种地，仅考虑过把地给子女	15.61
	目前主要自己种地，没有考虑过将土地给子女	20.82
	目前主要自己种地，子女绝没有种地的可能性	23.79

通过对比发现，冀鲁豫三省作为农业大省，目前农业劳动力主要集中在 50 多岁的农户，农户子代务农的比重较小。那么，50 多岁的农户目前仍然种地的原因是什么，本调查组对受访农户进行了访问，如表 8-2 所示。38.32% 的目前还在种地的农户认为自己身体健康仍可以种地，这种情况是最普遍的。其次是有一部分农户认为自己不能外出打工，为了生存必须务农，这种情况占比为 30.84%。"子女没人想种"和"租金低"这两种情况频率差不多，分别占比为 13.17% 和 14.67%。通过对受访农户的访问，没有一位农户认为目前自己还在种地是由于子女太多，不知道把地给谁。冀鲁豫三省仅有不足两成的受访农户将农业资源传递给子代，务农人口老龄化程度严重。综合以上分析不难看出，导致老龄农户不愿离农的原因主要是务农的惯性和对经济的需求。

表 8-2　父代农户目前尚在务农的原因分析　　　　单位：%

原因	比重
身体健康，还没到不种地的年龄	38.32
不能外出打工，农业是重要收入来源	30.84
子女太多，不知道给谁	0.00
子女没人想种，地又不舍得荒废，只能自己种	13.17
现在愿意种地的人少，租金低	14.67
其他	2.99

8.2.2　农业经营代际传递意愿影响因素

8.2.2.1　农业经营代际传递意愿基本情况

农户农业经营代际传递前景并不令人担忧。在得知农户目前的农业家庭经营现状后，本章进一步对未传递父代农户离农意愿进行分析。未来几年也不愿意离农的农户占比为 62.02%，愿意的占比为 37.98%。不愿意离农的农户比重比愿意离农的农户高 22.04 个百分点。综合表 8-2 和表 8-3，全部调研样本中有 40% 的农户现在乃至将来愿意将农业资源传递给下一代。根据第三次农业普查数据，2016 年底中国有 200159125 户农业经营户，121775.9 千公顷耕地，户均土地经营规模 0.61 公顷。参考日本户均 2 公顷的农地经营规模，40% 的农户子代完全能够满足中国农业劳动力需求。由此，"谁来种地"问题是伪命题。农户代际传递意愿是农户对自身特征和社会环境的理性反应，那么究竟是什么原因导致 60% 的农户不愿意将农业资源传递给自己的子女，调研组也对其原因进行了调查。原因主要集中在四个方面，分别为身体健康、经济自由、自己不能胜任除了务农以外的工作以及其他情况。第一种原因较为普遍，占比为 52.43%，第二种原因和第三种原因分别占比为 15.53% 和 23.30%，分别比第一种原因低 36.90 个和 29.13 个百分点（见表 8-3）。老龄农户的离农倾向整体较弱，体力允许的情况下务农惯性和经济需求是这一现状的主要原因。

表 8-3　目前没有传递的农户的离农意愿及原因　　　　　　单位：%

传递意愿	比重	原因	比重
愿意	37.98		
不愿意	62.02	身体健康，还能种地	52.43
		自己种地经济上自由	15.53
		除种地外不能从事其他工作，又不想闲着	23.30
		其他	8.74

8.2.2.2　农户农业经营代际传递意愿的交叉分析

根据代际传递理论框架，农户个人特征和家庭特征在农户农业家庭经营代际传递的过程中扮演十分重要的角色。因此，从根本上掌握不同农户之间农业家庭经营代际传递意愿差异的原因，就显得尤为重要。本章在整体描述了目前冀鲁豫三省农户农业经营代际传递的现状后，选取农户个人特征变量和家庭特征变量对农户农业家庭经营代际传递意愿进行交叉分析，初步分析影响农户农业经营代际传递意愿的主要因素。交叉分析结果如表 8-4 所示。

表 8-4   农户家庭经营代际传递意愿的交叉分析结果   单位：%

指标	类别	愿意	不愿意	Pearsonχ²	Sig.
性别	男	38.5	61.5	0.031	0.616
	女	34.9	65.1		
年龄	50~59 岁	18.3	81.7	0.354***	0.000
	60~69 岁	49.4	50.6		
	70 岁及以上	59.3	40.7		
受教育程度	没上过学=0	28.6	71.4	-0.085	0.174
	小学未毕业=3	44.4	55.6		
	小学毕业=6	47.0	53.0		
	初中未毕业=8	33.3	66.7		
	初中毕业=9	40.0	60.0		
	高中未毕业=11	11.1	88.9		
	高中毕业=12	16.1	83.9		
	大学及中专以上=16	100.0	0.0		
健康状况	很健康	34.0	66.0	-0.053	0.401
	比较健康	37.6	62.4		
	比较差	40.0	60.0		
	很差	100.0	0.0		
主要收入来源	务农	44.1	55.9	0.149**	0.017
	经商或打工等非农就业	29.6	70.4		
务农认可度	认可	43.2	56.8	0.078	0.210
	不认可	35.0	65.0		
家庭主要种植	农作物	38.8	61.2	0.054	0.387
	经济作物及其他	31.8	68.2		

注：***和**分别表示在 1% 和 5% 水平下显著。

农户性别与他们的农业家庭经营代际传递意愿不相关，表明农户的性别差异并没有导致农户农业家庭经营代际传递意愿存在显著差异。年龄与其家庭农业经营代际传递意愿正相关，且在 1% 的统计水平下通过显著性检验。这表明农户年龄越大，其代际传递意愿越强。这一结论与朱红根（2010）研究结果一致。他认为，受目前社会养老保障体系不完善和养儿防老传统思想的影响，年龄越大的农户越希望子代回家种地。具体来看，年龄在70岁及以上的农户愿意代际传递的比例为59.3%，比60~69岁的农户高9.9个百分点，比50~59岁的农户高41个百分点。农户受教育程度和健康状况与其农业家庭经营代际传递意愿相关性不显著，未通过显著性检验。

家庭主要收入来源与农户农业家庭经营代际传递意愿在5%的统计水平下显著正相关，表明与以经商/打工为主要收入来源的农户相比，以务农为主要收入来源的农户更愿意将自己的农业资源传递给下一代。以务农为主要收入来源的农户愿意代际传递的比例为44.1%，比以经商/打工为主要收入来源的农户高14.5个百分点。务农认可度差异和家庭主要种植作物差异对农户农业家庭经营代际传递意愿没有显著影响。

8.2.2.3 农业经营代际传递意愿影响因素实证分析

（1）变量选择。上述的交叉分析仅考虑了单个因素对农户农业家庭经营代际传递意愿的影响。农户农业家庭经营代际传递意愿差异是由多个因素共同导致的，多个因素之间也会共同作用，因此有必要利用微观经济计量模型对影响农户农业家庭经营代际传递的主要因素和影响程度进行进一步估计。本章建立稳健标准误下的二元离散选择模型、Tobit 模型和门槛回归模型来估计农户农业家庭经营代际传递意愿的影响因素。参考其他学者对农业代际传承问题的相关研究（Glauben 和 Tietje，2003；Kimhi 和 Nachlieli，2001；Ochoa，2007；朱红根等，2010；Mishra，2015；宁泽逵和宁攸凉，2016），选取农户个人特征变量、家庭特征变量和村庄特征变量等作为解释变量。个人特征变量包括年龄、性别、受教育程度和健康状况等常用变量，家庭特征变量包括人均耕地面积、农地经营规模、主要收入来源等，村庄特征变量包括地形、距离、是否有外地人来包地等。

（2）研究方法。农业经营制度改革40年以来，家庭经营模式一直占据基础性地位。随着农业劳动力人口老龄化趋势的蔓延，农业可持续性发展成为社会和学术界关注的热点，农业经营家庭内部代际传递也逐渐引起了学术界的关注。农业经营家庭内部代际传递不仅是土地和农用设备等物质资本的有序传递，更是农业经营知识、经验和技能等人力资本的有序传递。父代农户由于年龄增加导致体力逐渐下降，农业生产率也逐渐下降，家庭收入也随之降低（陈锡文等，2011；杨俊等，2011）。面对这种情况，一部分农户可能由于各种原因不愿意将土地流转出去，但另一部分农户则更愿意将土地流转出去。愿意将土地流转出去的农户的流转对象首先是自己的子女。只有当自己的子女完全没有继承农业资源的可能性时，他们才会考虑将农业资源传递给其他村民、农业新型经营主体或新型职业农民。相比父代农户，农户子女具有更强行为能力、更高的受教育水平和更好的先进技术接受能力。在农业经营中农户子代的自身优势和父代农户传递给他们的农业经营技术和经验的相互结合，农业生产力逐渐提高，农业收入也随之增加。农户农业经营家庭内代际传递不仅能够加强农业劳动力的持续供给，还能促进农业经营单位的稳定性，稳固农业家庭经营的基础性地位，促进农业可持续性发展。

基于以上论述，能够得到以下推论：

第一，农业收入对农户农业经营家庭内代际传递决策具有重要影响。老龄农户随着年龄的增加，农业生产力逐渐下降，农业收入随之降低。在这种情况下他们会倾向于将农业资源传递给子代，甚至退出农业经营。

第二，家庭人口数量与结构的变化对农户农业经营代际传递决策具有重要影响。农业经营活动往往涉及多种经营决策。在既定的家庭农地经营规模下，农地经营活动的复杂性和多样性势必会超出老龄农户的行为能力承受范围，农地与劳动力要素匹配的结构性矛盾会随着老龄农户年龄的增加而加剧。老龄农户和子代对家庭农业资源的共同经营则会解决农业劳动力供给和结构性矛盾。

二元离散选择模型和 Tobit 模型是最常用的微观经济计量模型，本部分不对他们的模型进行赘述。根据朱红根等（2010）的相关研究，农户年龄可能与他们的农业家庭经营代际传承意愿存在非线性关系，表现出区间差异。为了避免人为划分年龄区间导致模型估计结果存在偏差，本部分采用横截面数据门槛回归模型根据数据本身特点划分年龄区间，分析不同年龄段农户农业家庭经营代际传递意愿的影响因素。Hansen（1999）建立的面板数据门槛模型的基本形式为：

$$y_{it} = \mu_i + \beta'_1 x_{it} I(q_{it} \leqslant \gamma) + \beta'_2 x_{it} I(q_{it} > \gamma) + e_{it} \tag{8-1}$$

其中，i 为地区，t 为时间，q_{it} 为门槛变量，γ 为未知门槛值，I(·) 为示性函数。式(8-1)等价于：

$$\begin{cases} y_{it} = \mu_i + \beta'_1 x_{it} + e_{it}, & q_{it} \leq \gamma \\ y_{it} = \mu_i + \beta'_2 x_{it} + e_{it}, & q_{it} > \gamma \end{cases} \tag{8-2}$$

式（8-1）和式（8-2）实际上是关于变量 q_{it} 的分段函数。当 $q_{it} \leq \gamma$ 时，x_{it} 的系数为 β_1，当 $q_{it} > \gamma$ 时，x_{it} 的系数为 β_2。借鉴 Hansen 的面板数据门槛模型，本部分建立横截面数据门槛回归模型。本部分的实证模型为：

$$\begin{cases} y_i = \mu_i + \eta'_1 AGE_i + \alpha' X_i + \beta' Z_i + \gamma' K_i + e_i, & AGE_i < \gamma_1 \\ y_i = \mu_i + \eta'_2 AGE_i + \alpha' X_i + \beta' Z_i + \gamma' K_i + e_i, & \gamma_1 \leq AGE_i < \gamma_2 \\ y_i = \mu_i + \eta'_3 AGE_i + \alpha' X_i + \beta' Z_i + \gamma' K_i + e_i, & AGE_i \geqslant \gamma_2 \end{cases} \tag{8-3}$$

其中，AGE_i 为年龄门槛变量，X_i 为除年龄外的其他个人特征变量，Z_i 为家庭特征变量，K_i 为村庄特征变量。

（3）数据来源和样本特征。本部分所用数据来自课题组 2018 年 1~3 月对冀鲁豫三省份小麦产区的农户所做的实地调查。本次调查主要以年龄在 50 岁以上（原则上不要超过 75 岁）的主要从事种植业的农户为对象，这些农户必须满足实际进行农业生产和本身是家庭农业经营决策者特征，可以为男户主也可以为女主人。本次调查采用分层次随机抽样方式，首先调查员在每个县（区）内随机挑选 3~4 个样本村庄，然后在每个村庄随机挑选 3~4 户样本农户进行实地入户调查。本次调查以问卷调查为主，访谈调查为辅。调查范围涉及 3 个农业大省的 41 个县（区）538 户农户。根据研究需要的关键变量和目标省份对数据进行筛选，剔除严重不合格问卷 22 份，剩余有效问卷 516 份，合格率为 95.91%。

如表 8-5 所示，在有效样本中男性农户的比重占到了 75.6%，女性农户的比重仅为男性农户的 1/3，占比为 24.4%，这主要是由于在本次调研中主要以农业经营中主要决策者或户主为受访对象。受访农户中 50~59 岁的农户较为普遍，占比为 44.6%，70 岁及以上农户较少，占比为 20.9%，为 50~59 岁人数占比的一半。受教育程度主要集中在初中毕业，人数占比为 32.9%，小学毕业的农户也比较多，人数占比为 25.6%，仅比初中毕业人数占比低 7.3 个百分点。相比之下，人数占比最少的是大学及中专以上学历的农户，仅占 0.4%，比初中毕业人数占比低 32.5 个百分点。从健康状况分布来看，自认为身体比较健康的农户是主体，所占比重为 64.0%，身体很健康和比较差的农户所占比重差不多，分别为

18.2%和17.4%。在冀鲁豫三省516份调研问卷中仅有2户农户认为自己的身体健康状况很差。从以往的调研经验来看，农户出于某些原因总是存在健康状况高估行为，这是导致交叉分析中农户健康状况对农户农业家庭经营代际传递意愿不显著的主要原因。此外，七成的受访农户认为种地不能获得较好的生活，务农认可度较低。八成以上的受访农户主要种植农作物，种植经济作物及其他的农户不足两成。

表 8-5　样本基本特征　　　　　　　　　　单位：%

指标	类别	样本数	比例
性别	男	390	75.6
	女	126	24.4
年龄	50~59 岁	230	44.6
	60~69 岁	178	34.5
	70 岁及以上	108	20.9
受教育程度	没上过学＝0	42	8.1
	小学未毕业＝3	72	14.0
	小学毕业＝6	132	25.6
	初中未毕业＝8	18	3.5
	初中毕业＝9	170	32.9
	高中未毕业＝11	18	3.5
	高中毕业＝12	62	12.0
	大学及中专以上＝16	2	0.4
健康状况	很健康	94	18.2
	比较健康	330	64.0
	比较差	90	17.4
	很差	2	0.4
主要收入来源	务农	286	55.4
	经商或打工等非农就业	230	44.6
务农认可度	认可	162	31.4
	不认可	354	68.6
家庭主要种植	农作物	428	82.9
	经济作物及其他	88	17.1

本部分计量模型的被解释变量为农户农业家庭经营代际传递意愿。"农户农业家庭经营代际传递意愿"指的是父代农户农业家庭经营传递给其子女的意愿。二元离散选择模型的因变量为离散变量，Tobit 模型和门槛回归模型的因变量为连续变量，分别是对"您是否愿意现在就将土地资源传递给下一代"和"您将农业资源传递给下一代的意愿强烈程度"两个问题的反馈。为了减少两个变量的统计误差和提高模型估计的稳健性，本部分同时使用三个模型对农户的代际传递意愿影响因素进行估计。时间作为距离的测度单位，可以充分考虑地形和距离两个因素，具有更好的变量性质。如表 8-6 所示。

表 8-6　变量说明

变量名称	变量含义及赋值	均值	标准差	最小值	最大值
父代农户农业家庭经营传递意愿	您是否愿意现在就将土地资源传递给下一代（愿意 = 1；不愿意 = 0）	0.38	0.49	0.00	1.00
父代农户农业家庭经营传递意愿的强烈程度	您将农业资源传递给下一代的意愿强烈程度（0~100）	31.02	41.95	0.00	100.00
年龄（岁）	—	62.37	7.25	50.00	80.00
性别	男 = 1；女 = 0	0.76	0.43	0.00	1.00
受教育程度（年）	—	7.09	3.43	0.00	16.00
健康状况	很健康或比较健康 = 1；否则 = 0	0.82	0.38	0.00	1.00
务农认可度	能否通过务农过上好日子（能 = 1；不能 = 0）	0.31	0.46	0.00	1.00
人均耕地面积（亩）	—	1.50	1.19	0.20	8.00
农地经营规模（亩）	—	5.38	3.26	0.80	20.00
家庭主要种植作物	农作物 = 1；经济作为及其他 = 0	0.83	0.38	0.00	1.00
主要收入来源	务农 = 1；其他 = 0	0.55	0.50	0.00	1.00
家庭总人口（人）	—	4.51	1.83	2.00	10.00
家庭男性劳动力人数（人）	—	1.56	0.63	0.00	4.00
家庭全年外出务工或经商人数（人）	—	0.86	0.93	0.00	4.00
家庭子女数（人）	—	2.18	0.87	1.00	5.00
务农收入比	务农收入/家庭总收入	0.49	0.31	0.10	1.00
家庭是否包地	是 = 1；否 = 0	0.16	0.36	0.00	1.00
地形	平原 = 1；其他 = 0	0.70	0.46	0.00	1.00

续表

变量名称	变量含义及赋值	均值	标准差	最小值	最大值
距离（分钟）	开车到县（市、区）的时间	30.42	17.56	5.00	100.00
村里是否有外地人来包地	是=1；否=0	0.47	0.50	0.00	1.00
村里是否有家庭农场或专业大户	是=1；否=0	0.37	0.48	0.00	1.00

（4）模型结果分析。前面的交叉分析结果初步显示了不同农户之间家庭经营代际传递的差异。为了探究他们之间家庭经营代际传递差异的主要影响因素，本部分运用Stata15软件构建二元离散选择模型、Tobit模型和门槛回归模型对冀鲁豫三省农户调研数据进行处理。方程1和方程2显示的是农户农业家庭经营代际传递意愿作为离散变量参与回归的结果，方程3和方程4显示的是农户农业家庭经营代际传递意愿作为连续变量参与回归的结果。同时运用四个方程对同一数据进行处理可以有效保证回归结果的稳健性。Wald/LR/F值和 R^2 值分别显示了模型的联合显著性和拟合程度较好。四个方程的回归结果均显示农户年龄、家庭总人口、家庭男性劳动力人数、家庭全年外出务工或经商人数和地形显著影响农户家庭经营代际传递意愿。如表8-7所示。

表8-7 农户农业家庭经营代际传递意愿的影响因素实证结果

变量	Logit 模型（方程1）	Probit 模型（方程2）	Tobit 模型（方程3）	门槛模型（方程4）
年龄	0.100***（3.58）	0.060***（3.78）	1.841***（4.57）	—
性别	0.238（0.55）	0.150（0.62）	2.018（0.33）	2.022（0.32）
受教育程度	-0.025（-0.52）	-0.014（-0.49）	-0.319（-0.43）	-0.517（-0.67）
务农认可度	0.395（1.07）	0.241（1.15）	4.038（0.77）	4.613（0.85）
健康状况	-0.174（-0.41）	-0.123（-0.50）	-2.480（-0.39）	-2.404（-0.36）
家庭人均耕地面积	0.136（0.80）	0.083（0.85）	1.295（0.53）	0.922（0.36）

续表

变量	Logit 模型（方程 1）	Probit 模型（方程 2）	Tobit 模型（方程 3）	门槛模型（方程 4）
家庭农地经营规模	−0.050 (−0.77)	−0.031 (−0.83)	−1.006 (−1.08)	−0.843 (−0.87)
家庭主要种植作物	−0.160 (−0.29)	−0.149 (−0.50)	−3.430 (−0.49)	−3.142 (−0.42)
家庭主要收入来源	0.181 (0.47)	0.128 (0.59)	7.974 (1.45)	5.799 (0.99)
家庭总人口	0.246 * (1.79)	0.144 * (1.88)	3.871 ** (2.08)	3.904 ** (2.03)
家庭男性劳动力人数	0.882 ** (2.36)	0.528 ** (2.49)	11.98 ** (2.25)	12.300 ** (2.21)
家庭全年外出务工或经商人数	−0.548 ** (−2.50)	−0.321 *** (−2.62)	−6.442 ** (−2.26)	−6.400 ** (−2.17)
家庭子女数	0.060 (0.28)	0.037 (0.30)	0.530 (0.17)	1.948 (0.60)
家庭务农收入比	0.553 (0.93)	0.304 (0.89)	8.511 (1.01)	7.718 (0.88)
家庭是否包地	−0.730 (−1.49)	−0.435 (−1.55)	−8.569 (−1.25)	−7.372 (−1.04)
地形	0.819 ** (2.15)	0.509 ** (2.29)	13.400 ** (2.35)	12.140 ** (2.02)
距离	−0.009 (−0.97)	−0.006 (−1.08)	−0.094 (−0.67)	−0.038 (−0.26)
村里是否有外地人来包地	0.401 (1.10)	0.240 (1.14)	4.389 (0.86)	4.397 (0.83)
村里是否有家庭农场或专业大户	−0.642 (−1.58)	−0.371 (−1.62)	−6.169 (−1.15)	−3.64 (−0.64)
年龄_1	—	—	—	0.911 (1.07)
年龄_2	—	—	—	1.424 * (1.86)
年龄_3	—	—	—	1.089 (1.54)
常数项	−9.353 *** (−4.58)	−5.574 *** (−4.91)	−119.6 *** (−4.43)	−71.39 (−1.47)

续表

变量	Logit 模型（方程 1）	Probit 模型（方程 2）	Tobit 模型（方程 3）	门槛模型（方程 4）
Wald/LR/F 值	60.15***	71.62***	88.91***	4.744***
R^2	0.2372	0.2400	0.0365	0.268

注：***、** 和 * 分别表示在 1%、5% 和 10% 的水平下显著。

农户个体特征对农户农业家庭经营代际传递意愿的影响。年龄对农户农业家庭经营代际传递意愿有显著正向影响。年龄越大的农户农业家庭经营的代际传递意愿越强。方程 1 至方程 3 的回归结果显示年龄对农户家庭经营代际传递意愿的影响是单向的，不存在非线性关系。在方程 4 中将年龄作为门槛变量进行门槛回归，并通过对门槛效果自抽样检验显示该方程存在双重门槛。门槛值分别为 66 岁和 68 岁。详细结果如表 8-8 和表 8-9 所示。年龄与农户代际传递意愿存在正相关关系，中等年龄段（66~68 岁）在 5% 的统计水平下显著，其余不显著。说明 50~66 岁农户的年龄差异不影响农户代际传递意愿，这个特征也体现在 68 岁以上的农户身上。66~68 岁的农户具有更强的离农意愿。性别和务农认可度的回归系数为正，且没有通过显著性检验，这与交叉分析的结果一致。此外，受教育程度和父代健康状况也没有通过显著性检验。

表 8-8　门槛估计值和置信区间

	门槛估计值	95%置信区间
单一门槛模型（g1）	66	[55.000, 73.000]
双重门槛模型		
Ito1（g1）	68	[55.000, 71.000]
Ito2（g2）	66	[55.000, 71.000]
三重门槛模型（g3）	57	[55.000, 62.000]

表 8-9　门槛效果自抽样检验

模型	F 值	P 值	BS 次数	临界值		
				1%	5%	10%
单一门槛	4.545**	0.030	200	7.726	3.663	2.897

续表

模型	F 值	P 值	BS 次数	临界值		
				1%	5%	10%
双重门槛	4.622**	0.045	200	9.571	4.226	3.465
三重门槛	1.483	0.290	200	7.83	4.959	3.561

注：**表示在5%的水平下显著。

农户家庭特征对农户农业家庭经营代际传递意愿的影响。家庭总人口和家庭男性劳动力人数越多，农户农业家庭经营代际传递意愿越强烈。家庭全年外出经商/务工的人数对农户农业家庭经营代际传递意愿具有显著负向影响。交叉分析结果显示家庭主要收入来源在5%的统计水平下与农户农业家庭经营代际传递意愿显著正相关，但回归结果显示在其他条件不变的情况下，家庭主要收入来源与农户农业家庭经营传递意愿相关性不大。无论是交叉分析结果还是回归结果均显示农户家庭主要种植作物与农户农业家庭经营代际传递意愿不相关。

村庄特征对农户农业家庭经营代际传递意愿的影响。平原地区的农户农业家庭经营代际传递意愿显著高于丘陵山区，这与现实状况相符合。相比平原地区，丘陵山区信息相对闭塞，就业机会和家庭收入结构单一。为了获得更多的就业机会、更好的家庭收入和接受更完善的医疗教育卫生条件，父代农户更希望农户子代能够走出山区，离开农业。除了地形外，距离、村里是否有外人包地和村里是否有家庭农场或专业大户等因素都不能影响农户农业经营家庭代际传递意愿决策。

（5）结论。务农人口老龄化会影响一国的农业竞争力、食物及其他农产品供给和农村社会经济发展，这对中国这样的人口大国而言影响尤为明显。已有研究发现，解决人口老龄化的主选方案是农业家庭经营的代际传承。本部分基于山东省调研数据从微观（家庭内部）角度对父代农户农业家庭经营代际传递意愿的影响因素进行论证。研究结果表明：第一，目前实际发生农业家庭经营代际传递的农户较少，农户的代际传递意愿整体较弱。不愿意代际传递的农户人数比重约占全样本农户的2/3。从农户农业经营状态看，最普遍的就是"主要由父代农户操持农业经营，考虑过几年将农业资源传递给下一代"，父子同耕现象较为少见。就调查情况来看，虽然目前农业经营主要有父代农户操持，他们也考虑将农业经营传递给下一代，但子代农户继承的概率较小，农业家庭经营代际传递困难实际情况要比调研显示情况更严重。第二，农户个人特征和家庭特征显著影响农户代际传递意愿。实证结果显示农户的家庭总人口和家庭男性劳动力人数显著正向影响农户代际传递意愿。家庭中外出经商/务工人数比例越大，农户代际传递意愿越小。年龄在 1% 的统计水平下与农户代际传递意愿正相关，这与朱红根等（2010）的实证结论不一致。他们认为，农户年龄对农户代际传递意愿影响不显著。第三，区位因素是农户代际传递意愿的重要考虑因素之一。平原地区的农户代际传递意愿显著高于丘陵山区。尽管平原地区农户非农就业机会较多，受城镇化影响较大，但该地区农地经营规模较大，机械化程度较高，农户对农业的认可度相对较高，也更愿意将农业资源传递给下一代。第四，个人生命周期对农户代际传承意愿具有十分重要的影响。总体上看，年龄与农户代际传递意愿正相关，但具体而言，50~66 岁农户的年龄差异不对他们的代际传递意愿产生影响，68 岁以上的农户也表现出如此特征。相比其他两个年龄段，处于中间阶段的 66~68 岁的农户具有更强的离农意愿。66~68 岁是个非常重要的拐点。

基于以上结论，得出政策启示：第一，完善农村互助养老机制，提高农户代际传递意愿。受访农户中不愿意将农业资源传递给下一代的原因中"自己经济上更自由"占比为 23.3%，他们主要自己种地的原因中"自己不能外出打工，为了生存必须务农"占比为 30.83%，可见农户对自己生活和养老问题的不确定严重制约了农户的代际传递意愿。政府进一步完善农村老龄农户的互助养老机制，让农户老有所依，从而提高农户的代际传递意愿。第二，改善丘陵山区的农业基础生产条件，提高农户的务农认可度。丘陵山区农户的收入形式单一，就业机会较少，农户对农业的认可度不高。政府要积极改善丘陵山区的农业生产条件，尽管这一措施短期内可能会降低农户代际传递意愿，但从长期来看它会提高农户务农收入，有利于农业的可持续发展。第三，66~68 岁是农户代际传递意愿的重要拐点，政府要加大对 66~68 岁农户的关注，做好他们的思想诱导工作，着力提高代际传递意愿。

8.3 农业家庭代际继承现状与影响因素

8.3.1 农户子代农业经营代际继承现状

在 40 多年的农业改革历程中，农业家庭经营基础性地位一直没有改变，但学术界认为，目前农业家庭经营代际继承面临困难（朱启臻和杨汇泉，2011；肖娥芳，2013；蔡弘和黄鹂，2017）。目前，农业家庭经营代际继承是否真的面临困难，哪些因素影响了农户农业家庭经营代际继承，本书通过对冀鲁豫三省农户实地调研数据的统计，描述冀鲁豫三省农户农业家庭经营代际继承现状，对以上问题进行解答。

调研数据显示，目前农户子代农业经营代际传递面临困难。实际继承父母农业资源的农户子代占全样本农户的 20.15%，没有继承的农户子代占 79.85%，仅比继承父母农业资源的农户子代高 59.7 个百分点。在实地调研过程中，课程组对没有继承父母农业资源农户进行访问，寻找其没有继承的原因。最普遍的原因在于农户子代认为父母身体健康，愿意自己种地，这种情况占没有继承父母农业资源农户的 70.45%。最为少见的原因是"农户子代外出打工，父母忙不过来，父母忙不过来就把地转租出去了"，这种情况仅占 2.27%，比上一种情况低68.18 个百分点，如表 8-10 所示。

表 8-10 农户子代不愿意继承父代农业资源的原因分析　　　单位：%

原因	比重
父母自己身体健康，想自己种，觉得方便	70.45
外出打工，忙不过来，父母就把地转租出去了	2.27
外出打工，忙不过来，父母将就种着	6.82
自己外嫁出去了	13.64
其他	6.82

8.3.2 农户子代农业经营代际继承意愿

8.3.2.1 农业经营代际传递意愿基本情况

未来农业继承人问题是个伪命题。虽然目前农户子代农业经营代际继承面临困难，但就长期来看，40%的农户子代愿意在未来几年后继承农业资源。农户农业家庭经营代际继承意愿是对"您以后是否会继承父母农业资源"问题的直接反馈，其中"会"和"考虑过这个问题，但总觉得现在谈这个问题为时过早"视为农户愿意继承父母农业资源，"不会"和"没有考虑过这个问题"则视为不愿意。以后愿意继承父母农业资源的农户占全部没有继承父母农业资源农户的25.29%，而不愿意的农户占比为74.71%。农户之所以愿意继承农业资源，最普遍的原因在于"年龄大了以后外出就业困难"和"家庭亲人需要照顾"，占比均为40%。而不愿意继承农业资源的普遍原因在于农户子代"对目前生活现状满意，以后的事情没有考虑"和"种地太辛苦、风险太大，挣钱少"，分别占比为40.40%和39.82%。未来不愿意继承父母农业资源的农户占比约为愿意继承农业资源的农户的3倍，且综合表8-10和表8-11数据来看，未来农户继承父母农业资源的比重（目前继承和以后愿意继承的农户比重之和）约占全部受访农户的40%。结合中国国情，40%的农户子代继承农业资源完全能够满足中国农业发展需要。就劳动力来看，农业可持续发展不成问题。

表8-11 未继承父母农业资源的农户农业家庭经营代际继承的意愿　单位：%

代际继承意愿	未来是否会继承父母农地资源	比重	原因	比重
愿意	会	8.82	退休	0.00
			年龄大了以后外出就业困难	40.00
			纯收入不高，外面落户困难	13.33
			家庭亲人需要照顾	40.00
			受本地人歧视，回家创业	0.00
			其他	6.67
	考虑过这个问题，但总觉得现在谈这个问题为时过早	16.47	自己还年轻，回家种地是以后该考虑的事情	28.74
			父母身体健康，目前不需要考虑	17.96

续表

代际继承意愿	未来是否会继承父母农地资源	比重	原因	比重
愿意	考虑过这个问题，但总觉得现在谈这个问题为时过早	16.47	务工虽辛苦，但没有下定决心务农	14.37
			目前其他收入和生活还可以	16.17
			其他	22.75
	合计	25.29		
不愿意	不会	66.47	种地太辛苦、风险太大，挣钱少	39.82
			工作稳定，外地定居	25.66
			务工收益比务农高	27.43
			外嫁，太远	3.54
			其他	3.54
	没有考虑过这个问题	8.24	目前生活现状满意，以后的事情没有考虑	40.40
			等以后父母不种地了，转给别人或不种了	23.45
			目前父母健康，不用考虑	21.47
			太忙了，没有时间考虑	8.19
			其他	6.50
	合计	74.71		

8.3.2.2 农户农业家庭经营代际传递意愿的交叉分析

目前农户农业家庭经营代际继承面临困难，究竟是哪些因素影响了农户代际继承的意愿和时机，本部分首先就单一要素进行分析。性别在10%的统计水平下显著正向影响子代农户农业代际继承意愿，但对子代农户代际继承时机没有显著影响。愿意继承父代农户农业资源的男性农户人数比重与女性农户人数比重差距不大，前者仅比后者高13.61个百分点。年龄显著正向影响子代农户代际继承意愿，负向影响子代农户代际继承时机。40~49岁的子代农户中愿意继承父代农业资源的情况最为普遍，占比为65%，最少见的情况是20岁以下的愿意继承父代农业资源的农户，占比为16.67%。两者相差48.33个百分点。受教育程度越高，子代农户代际继承意愿越低，继承时机越长。同样，以务农为生的农户的代际继承意愿显著高于以经商打工为生的农户，他们的代际继承时机也比以经商打工为生的农户要短。通常以务农为生的农户的受教育程度较低，这也间接证明了受教育程度对子代农户代际继承意愿具有负向作用的结论。子代考虑父母传递意愿和子代土地所有权归属分别在1%和5%的统计水平下显著正向影响子代农户代际继承意愿,对子代农户继承时机没有显著影响。此外,子代农户务农认可度无论是对农户继承意愿还是继承时机均没有显著影响。如表8-12所示。

表8-12　农户家庭经营代际传递意愿和时机的交叉分析结果　　单位:%

指标	类别	愿意	不愿意	传递意愿		传递时机	
				Pearsonχ²	Sig.	Pearsonχ²	Sig.
性别	男	46.94	53.06	0.130*	0.061	0.066	0.478
	女	33.33	66.67				
年龄	20 岁以下	16.67	83.33	0.323***	0.000	-0.347***	0.001
	20~29 岁	27.59	72.41				
	30~39 岁	43.86	56.14				
	40~49 岁	65.00	35.00				
	50 岁及以上	100.00	0.00				
受教育程度	没上过学=0	0.00	0.00	-0.359***	0.000	0.310***	0.001
	小学未毕业=3	100.00	0.00				
	小学毕业=6	78.57	21.43				
	初中未毕业=8	50.00	50.00				
	初中毕业=9	60.94	39.06				
	高中未毕业=11	50.00	50.00				
	高中毕业=12	26.92	73.08				
	大学及中专以上=16	24.44	75.56				
主要收入来源	务农	18.46	81.54	0.385***	0.000	-0.337***	0.001
	经商等非农就业	51.57	48.43				
务农认可度	认可	48.94	51.06	0.075	0.274	0.076	0.406
	不认可	40.11	59.89				
子代考虑父母传递意愿	愿意	84.62	15.38	0.470***	0.000	-0.135	0.137
	不愿意	29.07	70.93				
子代土地所有权归属	归自己家所有	54.39	45.61	0.149**	0.028	-0.056	0.536
	归其他人所有	37.28	62.72				

注:***、**和*分别表示在1%、5%和10%的水平下显著。

8.3.2.3　农户子代农业经营代际传递意愿和时机的影响因素

(1)变量选择。本章主要参考前人对农业经营代际传承问题的相关研究文献（朱红根等，2010；孔德帅等，2016；周利平和翁贞林，2017），选取农户子代个体特征、父代农户个体和家庭特征、父代农户家庭经营特征和村庄特征四部分作为解释变量。

农户子代个体特征：本章除了选取年龄、性别、受教育程度等常用变量外，还选取了农户子代最近两年农忙是否回家、农户子代认为父母农地经营传递意愿和农户子代认为土地所有权归属三个变量来反映农户子代的个体特征。受教育程度越高的农户子代拥有稳定收入的可能性越高，同时继承父母农业资源的概率越低。由于父母身体健康状况或农地经营规模等因素的影响，农忙时回家的农户子代可能比不回家的农户子代继承农业资源的概率大。一般而言，家庭内部人员之间思想相互影响，父代农户农业资源传递意愿可能会影响子代的继承意愿。罗必良（2016）研究团队认为，农户对土地的产权意识越强，在土地流转中表现出禀赋效应的可能性越大。认为土地所有权归自己家所有的农户子代与认为土地所有权归国家所有的农户相比，可能更不愿意父代农户将土地流转出去。他们继承父代农户农业资源的概率更大。

父代农户个体和家庭特征：本章选取父代农户年龄、健康状况、取消补贴后种地意愿和家庭总人口四个变量来反映父代农户个人和家庭特征。父代农户的年龄可能显著影响农户子代农业经营继承意愿。父代农户年龄越大，体力越难以满足农业经营需要，农户子代因回家照顾父母而提前回家继承农业资源的可能性越大。同样，父代农户健康状况对农户子代农业经营继承意愿的影响与之类似。即使国家取消补贴政策，父代农户仍然愿意种地，这充分说明父代农户对务农的依赖程度较大。父代农户对务农的态度可能会影响农户子代农业经营继承的决策。

父代农户农业经营特征：本章选取父代农户农地经营规模和家庭主要种植作物来反映父代农户农业经营特征。根据微观经济学一般假设，农户子代作为"理性人"，在父代农户经营大规模农业的情况下，他们能获得较大的农业经营净利润，继承父代农户农业资源的可能性较大。同样根据这一原理，家庭主要种植经济作物得到的净利润高于主要种植粮食作物的净利润，农户子代继承农业资源的可能性也比较大。

村庄特征：本章除了认为村庄地形和距离可能会影响农户子代继承农业资源的决策外，还将村里是否有合作社和家庭农场纳入影响农户子代继承农业资源的村庄影响因素之内。与家庭农场相比，合作社与农户的合作更为紧密，能够为农户提供更为方便的农机服务和技术指导。在这种情况下，合作社可能会正向影响农户子代农业经营继承意愿，而家庭农场则可能会负向影响农户子代农业经营继承意愿。

（2）研究方法。目前冀鲁豫三省大多数农户子代不愿意继承父代农户农业资源，这是他们在现有约束下的理性选择。本部分以一个普通农户家庭为例分析农户子代劳动时间的分配过程。根据高鸿业《微观经济学（第六版）》的完全竞争市场理论，现实经济世界中真正符合完全竞争市场条件的市场是不存在的，但农产品市场可以近乎视作完全竞争市场，该市场上农业经营决策者为理性人。假设农户除休闲外用于工作的时间禀赋为 T，从事农业经营的时间为 t，则从事非农业经营的时间为(T-t)。根据贝克尔的家庭生产模型，农户会利用这两类时间来生产或消费"物品"以达到效用最大化目的。

假设农产品市场满足完全竞争假设，农户家庭最优时间分配可以表示为：

$$\max U(Y)$$

$$s.t.\ (T-t)+t=T \tag{8-4}$$

假设农户家庭收入效用完全取决于农户家庭收入，w_a 和 w_{na} 分别表示农户农业单位时间的工资率和农户非农就业工资率，t 和(T-t)分别表示农户农业就业时间和农户非农就业时间。将农业收入平均分配到农业劳动时间上去就得到了农户农业单位时间的工资率。也就是说，农户农业单位时间工资率与农业劳动时间乘积为农业总收入。基于以上讨论，农户农业家庭收入效用模型可以表示为：

$$\max Y = w_a \cdot t + w_{na} \cdot (T-t) \tag{8-5}$$

$$s.t.\ (T-t)+t=T \tag{8-6}$$

为实现农户家庭效用最大化，构建拉格朗日函数：

$$\mathcal{L} = w_a \cdot t + w_{na} \cdot (T-t) - \lambda[T-(T-t)-t] \tag{8-7}$$

通过整理得出：

$$\frac{\partial \mathcal{L}}{\partial t} = w_a + \lambda = 0 \tag{8-8}$$

$$\frac{\partial \mathcal{L}}{\partial (T-t)} = w_{na} + \lambda = 0 \tag{8-9}$$

即 $=w_a=w_{na}$

说明农户家庭效用达到最大时，农户分配在农业和非农业的边际劳动时间带来的边际收入相等。

多个因素共同影响农户代际继承意愿和时机，各个因素之间也会相互作用。因此，本部分首先建立二元离散选择模型分析农户子代农业经营代际传递意愿的影响因素，然后建立 Tobit 模型和门槛回归模型分析农户代际继承时机。二元离散选择模型和 Tobit 模型是经常用的微观经济计量模型，本部分不再对它们的模型设定进行详细阐述。门槛回归模型能利用严格的统计推断方法将全样本划分为多个子样本，然后对每个子样本进行估计，这种回归方式能充分保证每个字数估计值的稳定性。本部分借鉴 Hansen（1999）提出的面板数据门槛回归模型，模型的基本形式为：

$$y_{it}=\mu_i+\beta_1' x_{it} I(q_{it}\leqslant\gamma)+\beta_2' x_{it} I(q_{it}>\gamma)+e_{it} \qquad (8-10)$$

等价于

$$\begin{cases} y_{it}=\mu_i+\beta_1' x_{it}+e_{it}, & (q_{it}\leqslant\gamma) \\ y_{it}=\mu_i+\beta_2' x_{it}+e_{it}, & (q_{it}>\gamma) \end{cases} \qquad (8-11)$$

根据微观经济学理论和代际传递理论框架，农户代际传递时机不仅受农户子代个人特征、父代农户的个人和家庭特征和村庄特征影响，还受父代农户代际传递意愿影响。本部分在借鉴 Hansen 的门槛回归模型基础上对模型进一步拓展，形成适合农户农业家庭内部代际继承的横截面数据门槛回归模型。论文的实证模型如下：

$$\begin{cases} y_i=\mu_i+\eta_1' AGE_i+\alpha' p_i+\beta' F_i+\gamma' C_i+\kappa' W_i+e_i & AGE_i\leqslant\gamma \\ y_i=\mu_i+\eta_2' AGE_i+\alpha' p_i+\beta' F_i+\gamma' C_i+\kappa' W_i+e_i & AGE_i>\gamma \end{cases}$$

其中，p 为农户子代除年龄以外的其他个人特征变量，如性别、受教育程度等；F 为父代农户的个人和家庭特征变量，如农地经营规模，年龄、家庭主要种植作物、健康状况、家庭总人数等；C 为村庄特征变量，如地形、距离和村里是否有合作社或家庭农场等；W 为父代农户的代际传递意愿。

（3）数据来源和样本特征。本部分所用数据来源于 2018 年 1~3 月课题组在冀鲁豫三省小麦主产区开展的"中老年农民农业经营情况"专题调研。调查组详细调研了 2017 年家庭内部农业经营主要决策者的个人特征、农业经营特征、农业代际传递现状以及生产性服务购买等方面的情况。考虑到农户的个体差异，调查采取调查员对受访农户进行一对一直接访问的形式开展。受访农户为年龄在 50 岁以上且实际进行农业经营的父代农户的子女之一，必须具备已经继承或最可能继承父代农户农业资源的特征。样本选取方法为分层次抽样法，首先在冀鲁豫三省抽取 30~40 个农业大县作为样本区县，然后在每个区县随机抽取 3~6 个村庄作为样本村庄，最后每位调查员在每个村里随机抽取 3 户家庭进行实地入户调查，原则上每个村庄的受访农户不得超过 6 户。最终完成有效问卷 538 份，其中 516 份冀鲁豫三省实际从事农业生产的农户问卷作为本部分分析的依据。

由于本次调研的对象主要是家庭内部最有可能继承父代农户农业资源的子女，大多数父代农户的女儿因外嫁，继承农业资源的概率较小，所以受访农户中男性农户约占 2/3，女性农户仅占 1/3。年龄分布在 20~50 岁，占比最大的是 20~29 岁和 40~49 岁农户，占比分别为 34.69% 和 32.65%，最少的是 50 岁及以上的农户，仅占 1.22%。子代农户的受教育程度集中于初中毕业和大学及中专以上，占比分别为 33.73% 和 35.74%，子代农户的受教育程度普遍高于父代农户。所有的受访农户中没有一人是没有上过学的，小学及以下学历的农户人数占比不足全样本农户的 10%。七成以上的子代农户认为仅靠务农不能获得好的生活，同样他们也认为，他们的父母不愿意让他们继续从事农业经营，以至于八成以上的农户选择靠经商或打工为生。如表 8-13 所示。

表 8-13　样本基本特征　　　　　　　　　　　　　　　　单位：%

指标	类别	样本数	比例
性别	男	324	65.06
	女	174	34.94
年龄	20 岁以下	20	4.08
	20~29 岁	170	34.69
	30~39 岁	134	27.35
	40~49 岁	160	32.65
	50 岁及以上	6	1.22

续表

指标	类别	样本数	比例
受教育程度	没上过学=0	0	0.00
	小学未毕业=3	6	1.20
	小学毕业=6	38	7.63
	初中未毕业=8	30	6.02
	初中毕业=9	168	33.73
	高中未毕业=11	24	4.82
	高中毕业=12	54	10.84
	大学及中专以上=16	178	35.74
主要收入来源	务农	74	14.40
	经商或打工等非农就业	440	85.60
务农认可度	认可	118	22.96
	不认可	396	77.04
子代考虑父母的传递意愿	愿意	140	27.24
	不愿意	374	72.76
子代土地所有权归属	归自己家所有	142	27.63
	归其他人所有	372	72.37

本部分主要参考 KimGlaubenhi 和 Nachlieli（1998）发表的 *Intergenerational Succession in Israeli Family Farms* 一文，选取农户个体特征、父代农户个体和家庭特征以及村庄特征四部分作为解释变量。Glauben 和 Tietje（2002）在 *Intergenerational Succession on Family Farms：Evidence from Survey Data* 一文中运用 Probit 模型分析了子代家庭内部农业继承时间影响因素，回归结果明确显示年龄系数的一次方、二次方、三次方分别与继承时间负相关、正相关、负相关，表明年龄对继承时间的影响是非线性的。本部分以此为理论基础，将年龄的一次方、二次方和三次方引入 Tobit 模型，并建立门槛回归模型，来分析子代家庭内部继承时机的影响因素。本部分计量模型的被解释变量是"农户子代继承家庭内部农业资源的意愿"和"农户子代继承家庭内部农业资源的时机"，受访对象为家庭内部农业经营主要决策者的子女之一。本部分所采用变量的详细说明如表 8-14 所示。

表 8-14　变量说明

变量名称	变量含义及赋值	最小值	最大值	均值	标准差
农户子代继承意愿	愿意＝1；不愿意＝0	0.00	1.00	0.39	0.49
父代农户传递意愿的强烈程度	父代农户将农业传递给农户子代的意愿强烈程度有多大（0~100）	0.00	100.00	31.72	42.16
农户子代继承时机（年）	农户子代大约多少年后回来继承农业资源	0.00	45.00	6.97	9.44
子代年龄（岁）	—	17.00	50.00	33.53	9.67
子代性别	男＝1；女＝0	0.00	1.00	0.66	0.48
子代受教育程度（年）	—	3.00	16.00	11.52	3.64
子代最近两年农忙是否回家	是＝1；否＝0	0.00	1.00	0.61	0.49
子代认为父母农地经营传递意愿	愿意＝1；不愿意＝0	0.00	1.00	0.28	0.45
子代认为土地所有权归属	归自己家所有＝1；其他＝0	0.00	1.00	0.28	0.45
父代年龄（岁）	—	50.00	80.00	62.55	7.23
父代农地经营规模（亩）	—	0.80	20.00	5.38	3.24
父代家庭主要种植作物	农作物＝1；经济作物及其他＝0	0.00	1.00	0.83	0.38
父代健康状况	健康＝1；不健康＝0	0.00	1.00	0.82	0.39
父代家庭总人数（人）	—	2.00	10.00	4.53	1.82
父代取消补贴后种地意愿	愿意＝1；不愿意＝0	0.00	1.00	0.66	0.47
地形	平原＝1；其他＝0	0.00	1.00	0.70	0.46
距离（分钟）	开车到县（市、区）的时间	5.00	100.00	30.70	17.76
村里是否有合作社	是＝1；否＝0	0.00	1.00	0.33	0.47
村里是否有家庭农场	是＝1；否＝0	0.00	1.00	0.36	0.48

（4）模型结果分析。本部分运用 Stata15 软件对冀鲁豫三省农户进行了离散选择模型、Tobit 模型和门槛回归模型处理。方程1和方程2表示的是农户子代继承意愿的影响因素，方程3和方程4表示的是子代继承时机的影响因素（见表8-15）。回归结果显示农户子代最近两年农忙时是否回家、子代认为父母农地经营传递意愿、父代健康状况和父代家庭总人数对农户子代农业经营继承意愿有显著的正向影响。子代性别、父代取消补贴后种地意愿和村里是否有家庭农场与农户继承时机显著正相关，父代健康状况和村里是否有合作社与农户继承时机显著负相关。

表8-15 农户家庭经营代际继承意愿和时机影响因素实证结果

变量	子代继承意愿		子代继承时机	
	Logit（方程1）	Probit（方程2）	Tobit（方程3）	门槛回归（方程4）
子代性别	-0.005 (-0.01)	-0.033 (-0.15)	3.439** (2.10)	3.040* (1.75)
子代年龄一次方	-0.021 (-0.53)	-0.018 (-0.78)	-4.976 (-1.06)	—
子代年龄二次方	—	—	0.146 (1.06)	—
子代年龄三次方	—	—	-0.001 (-1.08)	—
子代年龄_1	—	—	—	-0.604** (-2.52)
子代年龄_2	—	—	—	-0.353* (-1.95)
子代受教育程度	-0.046 (-0.68)	-0.028 (-0.73)	0.525* (1.89)	0.448 (1.60)
子代最近两年农忙是否回家	1.004*** (2.65)	0.563*** (2.61)	-5.116** (-2.40)	-5.340** (-2.40)
子代认为父母农地经营传递意愿	2.071*** (4.02)	1.192*** (4.13)	-3.563** (-2.52)	-3.218** (-2.16)
子代认为土地所有权归属	-0.028 (-0.06)	0.011 (0.04)	-1.121 (-0.79)	-0.723 (-0.48)
父代传递意愿强烈程度	0.018** (3.08)	0.010** (3.06)	-0.039** (-2.21)	-0.040** (-2.13)
父代年龄	0.007 (0.14)	0.011 (0.39)	-0.177 (-0.96)	-0.338* (-1.70)
父代农地经营规模	0.001 (0.01)	0.008 (0.25)	-0.432 (-1.63)	-0.402 (-1.45)
父代家庭主要种植作物	-0.047 (-0.10)	-0.017 (-0.06)	1.586 (0.78)	0.604 (0.28)

续表

变量	子代继承意愿		子代继承时机	
	Logit（方程 1）	Probit（方程 2）	Tobit（方程 3）	门槛回归（方程 4）
父代健康状况	1.153**(2.09)	0.673**(2.28)	-4.242**(-2.06)	-4.292**(-1.96)
父代家庭总人数	0.230*(1.95)	0.130*(1.95)	0.273(0.73)	0.312(0.79)
父代取消补贴后种地意愿	0.226(0.61)	0.121(0.57)	6.618***(3.85)	6.358***(3.50)
地形	-0.324(-0.81)	-0.215(-0.92)	-0.494(-0.28)	-0.547(-0.29)
距离	-0.009(-0.83)	-0.006(-0.96)	-0.007(-0.16)	-0.012(-0.25)
村里是否有合作社	0.559(1.24)	0.288(1.17)	-4.752***(-2.90)	-5.455***(-3.10)
村里是否有家庭农场	0.320(0.73)	0.187(0.76)	7.732***(4.73)	8.307***(4.78)
常数项	-2.961(-0.99)	-1.941(-1.16)	72.91(1.32)	45.580***(3.09)
Wald/LR/F 值	51.07***	58.27***	71.26***	5.213***
R^2	0.3227	0.3195	0.0841	0.4940

注：***、**和*分别表示在1%、5%和10%水平下显著。

农户子代个体特征变量对农户继承意愿和时机的影响。方程3和方程4表明性别分别在5%和10%的统计水平下通过显著性检验，表明男性农户的继承时机显著长于女性农户。但在方程1和方程2中性别对农户农业经营继承意愿影响不大，男性农户和女性农户的继承意愿没有明显差异。近两年农忙时回家的农户子代比不回家的农户子代的继承意愿要强，同样，继承时机也短。这个结论同时也适用于子代认为父母农地经营传递意愿对农户继承意愿和时机的影响。此外，受教育程度越高，农户继承时机越长。方程4表明门槛回归模型存在单一门槛，门槛估计值为36岁。具体结果如表8-16和表8-17所示。总体而言，年龄越大，农户代际传递时机越短，平均继承年龄越大。平均继承时机和平均继承年龄之间的差距也逐渐增大。如图 8-1 所示。

表 8-16 门槛估计值和置信区间

	门槛估计值	95%置信区间
单一门槛模型（g1）	36	[35.000, 46.000]
双重门槛模型		
Ito1（g1）	44	[30.000, 49.000]
Ito2（g2）	36	[30.000, 39.000]
三重门槛模型（g3）	30	[30.000, 49.000]

表 8-17 门槛效果自抽样检验

模型	F 值	P 值	BS 次数	临界值		
				1%	5%	10%
单一门槛	8.778***	0.01	200	8.495	5.488	3.865
双重门槛	0.556	0.54	200	9.499	3.902	2.832
三重门槛	0.001	0.99	200	8.659	5.572	3.55

注：***表示在1%水平下显著。

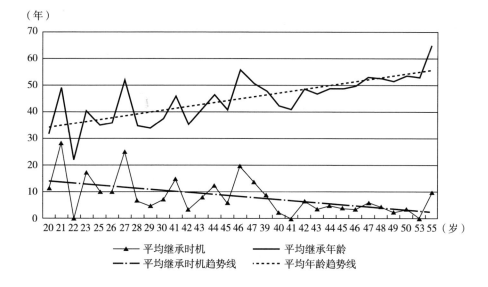

图 8-1 农户年龄与平均继承时机关系

父代农户个体和家庭特征变量对农户继承意愿和时机的影响。父代农户代际传递意愿越强，农户子代的代际继承意愿越强烈，代际继承时机越短。这一关系也体现在父代农户健康状况上。父代农户身体状况越好，农户子代代际继承意愿越强烈，继承时机越短。父代农户家庭人口数与农户子代代际继承意愿正相关，但对农户代际继承时机影响不显著。父代取消补贴后的种地意愿与农户子代的代际继承意愿关系不大，但与农户子代代际继承时机在1%的统计水平下有正相关关系。取消补贴后愿意种地的父代农户其农户子代的代际继承时机更长，这是符合现实情况的。即使取消补贴父代农户也愿意从事农业经营，说明父代农户的农业经营意愿很强，在这种情况下农户子代继承他们的农业资源的时点一般较晚。

村庄特征对农户继承意愿和时机的影响。实证结果表明村庄区域特征对农户代际继承意愿和时机没有显著影响。有合作社村庄的农户子代的代际继承意愿更强，代际继承时机也更短。相反，有家庭农场村庄的农户的代际继承时机更长，并且村里是否存在家庭农场对农户子代的代际继承意愿没有显著影响。这在一定程度上可以表明合作社可以有效促进农户农业家庭经营代际传递，是解决农户农业经营继承人问题的一大有效措施，同样也证明在农业经营代际继承过程中家庭农场发挥的价值并不是很大。目前，很多家庭农场或专业大户面临成本"地板"和价格"天花板"的双重挤压，农业经营面临困难，在这样的情况下农户子代对农业的认可度降低。这使他们对农业经营敬而远之或拉长农业继承时机。

8.4 小结："无人种地"伪命题性

无论是在新闻媒体、网络平台还是学术期刊上总会听到"未来谁来种地""未来谁来种田"之类的感慨。笔者来自农村，工作后长期在农村调查，对于类似的感叹总是感到莫名其妙。农村年轻人愿不愿意务农是一个经济选择问题，既然是经济选择必然要考虑成本收益。为什么现在农村年轻人不愿意务农？根本原因是愿意务农的人太多了！

实证研究显示，综合考虑目前父子同耕和有明确继承人的两种情况，目前务农的农户中大约有 40% 是有明确继承人的。当这些家庭父代年事过高时，其子代会继续从事农业。通过简单计算子代的平均年龄和从调查起开始到务农的实践间隔，大致可以算出子代继承农业的平均年龄在 51 岁左右。这意味着中国未来农业经营者会以中老年为主，"老年人农业"将成为中国农业的常态。前面讨论老龄化问题时已经说明，"老年人农业"不可怕；相反老年人农业是现代农业的基本标志。40 年前中国农业不存在劳动力老龄化问题，农业发展水平却存在问题。

目前很多子代农户不愿意继承父代农户农业资源，这是他们面对自身特征和社会环境所做的理性选择。但随着外在环境的变化，他们的选择也在不断变化。中国改革开放后的第一代农户年龄集中在 50~60 岁，还没有出现大规模农业经营代际继承需求，子代农户的农业经营继承意愿可能没有那么强烈。十几年后第一代农户体力不足，子代农户可能如雨后春笋般大批出现。因此，对农业继承人问题太过悲观是不可取的。不过针对老年人农业问题，政府需要做好应对措施，解决老年人在农业经营中遇到的各种限制性因素。

9 改革取向：完善家庭经营的制度环境

家庭经营存在的效率问题是可以缓解的，对此我们应该保持历史的耐心。但是，上述观点是有条件的，家庭经营要改变困境实现可持续发展还需要制度环境作一些调整。本书给出了一套从根本上缓解家庭经营效率损失的制度体系："永久不变的土地承包制度+农户承包地自主互换制度+高龄农民市场化有偿退出制度+内生性核心农户培育制度。"其中，永久不变的土地承包制度是基础，它决定着这一套制度体系能否有效运转；农户承包地自主互换制度旨在解决土地细碎化问题，并为后面两个制度提供交易机制；高龄农民市场化有偿退出制度解决人地调配问题，与自主呼唤制度一起解决地块细碎化问题；内生性核心农户培育制度是该体系的落脚点，前面三个制度都是为它提供基础。

9.1 明确永久不变的土地承包制度

延长土地承包期限以赋予农民更加充分而有保障的土地承包经营权是中央政府的既定政策。1984 年 1 月，《中共中央关于一九八四年农村工作的通知》要求土地承包期应在 15 年以上，1998 年，《中共中央　国务院关于一九九八年农业和农村工作的意见》提出第一轮承包到期的地方，都要无条件地延长 30 年不变，这一规定在 2002 年发布的《农村土地承包法》中得到了进一步明确。2008 年，《中共中央关于推进农村改革发展若干重大问题的决定》要求要赋予农民更加充分而有保障的土地承包经营权，现有土地承包关系要保持稳定并长久不变。这是"长久不变"这个说法在中央文件中第一次出现。党的十九大报告指出，保持土地承包关系稳定并长久不变，第二轮土地承包到期后再延长 30 年。

目前，大部分土地经营权确权登记颁证工作完成的地区将土地经营权证的有效期限制为 2028 年。我们建议中央可以考虑出台文件明确在 2028 年土地经营权证换证时将有效期确定为 99 年。这样做有两个好处：第一，99 年的有效期超过了农民的平均年龄，相当于永久租佃，并且以县级政府颁布的经营权证为依据，可以给农业经营者以足够的稳定预期，同时打消一些人期望合同期满进行土地调整的预期；第二，99 年也不是永久不变，不违背中央长久不变的政策。

9.2 出台农户承包地自主互换制度

9.2.1 出台农村家庭承包土地自主互换制度具有重大意义

农村家庭承包土地自主互换制度是指允许同组农户在土地承包经营权确权登记颁证完成的基础上，自主向农业或国土部门申请承包地块调换，并向主管部门申请修改农户承包土地数据库信息，变更土地承包经营权证的一套制度安排。出台农村家庭承包土地自主互换制度具有重大的现实意义。

首先，农村家庭承包土地自主互换制度是现有制度框架下彻底解决农户土地细碎化问题的唯一可行途径。改革之初的农地福利化分配具有现实必要性，但随着农村劳动力稀缺性程度的提高，土地细碎化问题已经成为农业现代化道路上的重要障碍。土地细碎化不但减弱了农业生产的规模经济效应，增加了田间管理难度和生产要素（尤其是劳动力）投入，而且还限制了土地流转，阻碍了新型经营主体的形成。农村土地承包经营权确权登记颁证工作解决了很多历史遗留问题。但是，绝大部分村在土地承包经营权确权登记颁证之前没有对土地进行归整，部分有归整意愿的村也大多因为种种原因而无法推进。土地承包经营权确权登记颁证强化了农户土地产权强度，颁证后再想通过村集体的统一调整来进行土地归整的可能性大大降低。如果不进行制度创新，农户土地的细碎化问题可能无法从根本上进行解决。

其次，农村家庭承包土地自主互换制度应该是家庭承包制确立以来最重要的变革之一，可以从根本上完善我国的农业基本经营制度。农村经营制度改革以来，国家一直在探索实现人地资源优化配置的有效途径，但收效并不显著，分散化、小规模、原子化仍然是农业经营的主要形态。目前，备受决策者关注的农业产业化、农民专业合作社、家庭农场、托管制和共营制等各种旨在消除小规模分散经营负面性的制度探索，其创新效应无不受到农户层面土地细碎化的掣肘。经过几十年的探索，在农村土地集体所有制的根本制度框架下农户基本上拥有了完善的土地承包经营权和收益权，但农民在集体内通过市场化手段优化土地资源的权利并没有得到充分的保障。尽管中央政策允许农户通过互换的形式实现土地归整，但由于农地权属的长期模糊性，加之缺乏清晰的地理数据资料和官方权威部门背书，自发的土地互换行为很少发生。这应该是长期以来土地细碎化问题无法从根本上解决的重要原因。土地确权登记颁证工作完成后，这些条件都已经具备。家庭承包土地自主互换制度可以从根本上修补我国现行农业基本经营制度的短板，为我国农业现代化的实现提供基本制度基础。

最后，农村家庭承包土地自主互换制度的实施也是体现农村土地集体所有制的有效形式。自家庭经营制度确立以来，中央在农业经营制度框架内的总体思路是重视经营权，弱化所有权，村集体组织在农村经济中的影响力不断式微。自2003年《中华人民共和国农村土地承包法》实施以来，土地调整越来越少，村集体组织在土地所有权上的表达形式更是无法体现，土地确权登记颁证进一步强化了这种趋势。农村家庭承包土地自主互换制度的实施可以改变这一现状。承包土地自主互换需要在村集体授意下进行，互换双方主体身份需要村集体组织核实，申请材料需要村集体组织审核，更换经营权证也需要向村集体备案。随着农村人口和劳动力结构的变化，这个地块互换行为将持续出现。村集体组织会以土地所有者和发包人的身份介入该事项的全部过程，既保障互换工作合法合规，又彰显了村集体组织作为本村农业土地所有者这一角色所发挥的重要作用。

9.2.2 出台农村家庭承包土地自主互换制度的条件已经成熟

第一，国家有要求。近些年来，国家相继提出一系列促进耕地集中连片的政策。2013 年中央一号文件指出要结合农田基本建设，鼓励农民采取互利互换方式，解决承包地块细碎化问题，2016 年中央一号文件指出依法推进土地经营权有序流转，鼓励和引导农户自愿互换承包地块实现连片耕种。2017 年中央一号文件进一步明确提出要积极引导农民在自愿基础上，通过村组内互换并地等方式，实现按户连片耕种。土地确权之前，农户的互换并地难以实现，确权之后除非出现较大的地质灾害，要想并地将更加困难。可以预见，推动互换并地将是党中央高度重视的工作，类似的政策在不久的将来必定会出现。山东省作为最早基本完成土地确权登记颁证的地区有必要先行先试，为全国各省市解决该问题提供改革经验。

第二，农民有需要。根据本研究团队 2016 年和 2017 年对山东省 1193 个村的调查，目前农户平均地块仍有 4.7 块，细碎化现象依然很严重。土地细碎化对农民生产带来的负面影响是切切实实的，特别是随着农村劳动力老龄化程度的进一步加深，这种负面性会越来越显著。土地细碎化限制了新型经营主体土地的集中连片经营的实现，将众多小块土地流转过来进行长期专业化投资的不确定性也因此加剧。土地细碎化还在一定程度上限制了老龄化农民彻底退出农业生产的意愿，长期来看，这将深度影响山东省农业资源的优化配置。总之，无论是普通农民还是新型经营主体都迫切希望相关部门能有出台针对性的政策解决这一问题。

第三，技术条件具备。根据农业部消息，目前农村土地确权登记颁证工作已经进入收尾阶段。农村土地承包经营权确权登记颁证工作不仅理清了农户的每块承包土地面积，摸清了四至，而且测准了空间位置，构建了完整、精准的数据库。这为开展农户承包土地自主互换工作提供了基本信息资料和物质基础。

第四，组织基础完备。山东省农村土地承包经营权确权登记颁证工作为农户自主互换制度的执行提供了组织条件。土地权确权登记颁证工作培养了一大批业务娴熟的基层领导干部，调动了与农村土地相关的各类社会组织资源。在土地承包经营权确权登记颁证工作的基础上，继续推进山东省农村家庭承包土地自主互换制度不仅动员成本小，而且运行成本也会比较小。延误时间越久，将来执行的成本会越大。

第五，农村家庭承包土地自主互换制度创新成本小，几乎是纯粹的帕累托改进。与以往其他改革相比，农村家庭承包土地自主互换制度几乎没有侵害任何集团的利益，无论是农户、村干部、基层政府干部还是其他利益相关者都会从中获利，起码不会受损。因此，此项制度的出台和运行不会遇到大的阻力。此外，赋予农户有限度的土地经营权配置权符合完善农村产权制度的方向，理论界也会给予肯定和关注。因此，这项制度创新可以算是一个所有人获利而无人受损的帕累托改进过程。

9.2.3　农村家庭承包土地自主互换制度主要原则和工作思路

作为一项决定我国农业经营制度走向的制度创新，农村家庭承包土地自主互换制度的构建与实施应该遵循几个主要原则：

首先，宁可存而无用，切勿急功近利原则。资源禀赋的基础条件和产业结构转变的缓慢性决定了农业中劳动力与土地匹配优化的长期性，我们对这个长期性要有充足的心理准备。农村家庭承包土地自主互换制度为农户进行这种农业资源的优化配置提供了制度条件，农户会根据自身约束进行最优的选择。各级政府要有历史耐心，不搞突击，不搞运动，多做基础性、条件性工作，避免直接参与微观经济主体的决策。

其次，农户为主，成本共担原则。除了必要的行政机构职能匹配外，不建议政府在该制度运行上投入太多财政资金。有互换承包地块需要的农户可以提交申请，并在村集体组织的协助下前往农地管理部门办理，由此发生的证件成本费、测量技术服务费等相关费用主要由农户承担。其原因有二：一是避免地方政府为获取专项经费而人为推动制度实施进度，进而引发负面效应；二是避免农户因成本太低而过度利用该制度，浪费公共资源。

最后，风险规避原则。在农村家庭承包土地自主互换制度实施过程中设置犹豫期制度，给予土地互换双方一定年份的犹豫期，允许一方农户因各种原因撤销互换协议。不过，由此形成的行政成本（换证或其他服务费）还应该由农户承担。由于农户约束是在不断改变的，设置犹豫期可以在一定程度上减少农户面临的不确定性。

9.3　出台并完善高龄农民市场化有偿退出制度

日本和韩国的发展经历显示，在城镇化和工业化大发展的背景下，老年劳动力的退出要严重滞后于农业产值占比衰退的速度，从而导致老龄农民占比过高。这不仅严重影响了农业资源的优化配置和农业生产效率的提高，而且也不利于农村老年人安享晚年。虽然中国与日本和韩国土地产权制度不一样，但产业发展和演进的趋势类似。我们应该高度警惕中国也出现此类问题。

目前，政府正在进行土地承包经营权有偿退出试点，具体的工作方式还没有明确的报告公布，根据媒体披露的有限信息，可以发现目前的做法存在一些问题：

第一，退出机制的非市场化，而且由村集体或者基层政府作为"买入人"，这势必会形成买方垄断。这种机制下价格是由垄断买方单方面制定的，交易双方处于不对的位置上，容易损害退地农户的利益。

第二，这种操作办法使村干部和基层干部作为中间人面临极大的获利空间，他们很有转变为印度"包租人"角色的可能。一旦存在获利空间，他们就有利用自己的影响力直接或间接迫使农户退出土地的可能。

第三，一些地方在试点中采取的做法是将农民退出的土地长期租赁给工商企业，该做法实际上是一种"去小农化"的措施，会抬高农民务农的土地成本，形成对小农户甚至适度规模农户的挤压，不利于农村社会的长期稳定。

第四，一些试点地方需要政府以财政资金注入的方式支持农户退出，这种方式意味着拿公共经费支持村集体收回农业资源，这为创租营造了很大空间。而且财政压力过大，不具有可持续性。

总体来看，这种政府大包大揽的做法要么不具有可持续性，要么对农村社会的长期稳定具有破坏性。有效的退出制度应该是市场化的，市场应该是以村集体为界，具有封闭性，退出与纳入应该是同时的，农户与农户之间一对一地进行对接，政府与村集体仅作为备案单位和协调单位存在，不参与经费相关的任何活动，而且建议退出政策仅针对无继承人的高龄农民。如果满足这些条件，退出机制就应该是有序、符合公共利益和具有可持续性的。

9.4 构建内生性核心农户培育制度

"农地归农"不仅具有社会学意义上的合理性，也是符合经济运行效率要求和中国资源禀赋特点的农业资源配置模式。农业土地经营制度改革的目标是要改善人地关系，人是核心，"地"要适于"人"，而不是"人"适于"地"。中国农地经营模式一定要基于中国农业资源禀赋现状、产业和社会人口结构的变化来确定，而不是根据某些理念或者人为确定的发展目标来确定。

从长期来看，农业劳动力退出农业生产将是一个漫长的过程，小规模农户经营为主的状况不可能改变。未来的农业经营体系应该是多元化的，既有企业化的大规模农业经营形态，也有中度规模的专业化农场，更会有数量占比很高的小规模兼业化农场。我们不反对农民之外的主体通过市场化的手段进入农业生产领域。但我们也要看到，从国际经验来看，工商业资本在农业经营中不仅不具有普遍性，在数量上占比也很少。即使在企业化农场很发达的美国，公司化大农场的比例也只有农场总量的6%左右。考虑到中国人多地少的农业禀赋，企业化大农场的发展空间不会太大。在美国，大农场挤压小农场导致小农场经营困难的现象一直存在。这对美国社会没有太大负面影响，而且还有利于农场的合并，提高美国农业竞争力。可是在中国，企业排挤小农的后果是不可想象的。

调查显示，中国农户家庭代际传承的意愿比较强，随着农村社会公共事业的完善和城乡公共服务待遇差距的缩小，农村务农人数即使变少，也绝不会出现像一些人担心的那样，出现农业后继无人的问题。可以预计，在未来很长一段时间里，小规模家庭经营的现状不会改变，农业分散经营的现状不会改变，农户兼业化经营的现状不会改变，农业劳动力老龄化、农业呈现老年人农业的现状依然不会改变。但是，这些现状不会改变并不意味着政府在提高农业竞争力上就可以无所作为。

随着农村劳动力的转移，每个村都会形成一批相对稳定的准农业专业户，这些农户会不断地通过土地流转的方式将周边农户的土地纳入自己的耕作范围。这些农户大多依然是兼业化农户，但兼业化程度会随着经营规模的持续扩大而不断降低。这些农户的家庭结构大部分与普通农户类似，即家庭父代以务农为主，子女以非农产业为主。子女可以外出也可以在当地务工或经商。两代之间进行农业传承的概率很高。当现在的父代年龄到了70岁以后，子代会成为农业经营的主体。这种家庭经营规模在30~50亩，可以获得外出务工的平均收入，具有较强的农业经营稳定性，而且是内生于农村社区的，因此称为内生性核心农户。

中国应该参照日本实行多年的认定农业者制度出台"注册核心农户"制度。20世纪90年代，为进一步推动规模化经营，日本相继制定实施《农业经营基础强化促进法》和《新农业基本法》，引导农地流转向"认定农业者"集中。"认定农业者"指那些在改善农业经营效率和扩大规模上有积极性的农业经营者，其根本目的在于培养掌握现代技术的农业经营接班人，提高土地的利用效率。"认定农业者"由市町村进行选择和认定，一旦取得"认定农业者"身份，就可以获得政府各个方面的政策支持。在中国，"核心农户"可由县级农业主管部门负责注册与管理。

政府可以在适当的时候出台"注册核心农户"支持政策，包括：一是制定注册核心农户农业生产与经营技术培训计划，增强核心农户从事农业生产经营的能力，形成以注册核心农户为辐射源的新技术、新方法和新理念传播体系；二是建立注册核心农户集约化经营奖励制度，以补贴的形式鼓励核心农户将周边老龄或其他农业经营绩效低的农户的土地流转过来，将核心农户培养成农业集约化经营的骨干；三是建立注册核心农户定向农业补贴制度，对采用新技术、更换新品种和试用新农资等具有一定经营风险的行为的核心农户进行具有"绿箱"特点的风险补贴；四是采取措施鼓励核心农户之间构建合作经济组织，并对由核心农户共同组建的合作社予以政策支持。

参考文献

［1］Aldanondo Ochoa A M, Casanovas Oliva V. Almansa Sáez C. Explaining Farm Succession: The Impact of Farm Location and Off-farm Employment Opportunities ［J］. Spanish Journal of Agricultural Research, 2007, 5 (02).

［2］Alston L J, Libecap G D, Schneider R. The Determinants and Impact of Property Rights: Land Titles on the Brazilian Frontier ［J］. The Journal of Law, Economics, and Organization, 1996, 12 (01).

［3］Andrianirina Ratsialonana R, Ramarojohn L, Burnod P, et al. After Daewoo? Current Status and Perspectives of Large-scale Land Acquisition in Madagascar ［R］. 2011.

［4］Atwood D A. Land Registration in Africa: The Impact on Agricultural Production ［J］. World Development, 1990, 18 (05).

［5］Barrows R, Roth M. Land Tenure and Investment in African Agriculture: Theory and Evidence ［J］. The Journal of Modern African Studies, 1990, 28 (02).

［6］Besley T. Property Rights and Investments Incentives: Theory and Evidence from Ghana ［J］. Journal of Political Economy, 1995, 103 (05).

［7］Bezabih M, Holden S T, Mannberg A. The Role of Land Certification in Reducing Gaps in Productivity between Male-and Female-Owned Farms in Rural Ethiopia ［J］. Journal of Development Studies, 2016, 52 (03).

［8］Bijman, Jos. Contract Farming in Developing Countries: An Overview ［R］. Working Paper, Wageningen: Wageningen University, 2008.

［9］ Bizimana C, Nieuwoudt W L, Ferrer S R D. Farm Size, Land Fragmentation and Economic Efficiency in Southern Rwanda ［J］. Agrekon, 2004, 43 (02).

［10］ Borras Jr S M, Hall R, Scoones I, et al. Towards a better Understanding of Global Land Grabbing: An Editorial Introduction ［J］. The Journal of Peasant Studies, 2011, 38 (02).

［11］ Bramall C. Sources of Chinese Economics Growth, 1978－1996 ［M］. Oford: Oford University Press, 2000.

［12］ CFS, FAO. Voluntary Guidelines on the Responsible Governance of Tenure of Land ［R］. Fisheries and Forests in the Context of National Food Security, 2012.

［13］ Coldham S F R. Land Tenure Reform in Kenya: The Limits of Law ［J］. Journal of Modern African Studies, 1979, 17 (04).

［14］ Collier P. Malfunctioning of African Rural Factor Markets: Theory and a Kenyan Example ［J］. Oxford Bulletin of Economics and Statistics, 1983, 45 (02).

［15］ Corsi A. Family Farm Succession and Specific Knowledge in Italy ［J］. Rivista Di Economia Agraria, 2009, 64 (1-2).

［16］ Cotula L. Land Deals in Africa: What's in the Contracts? ［M］. London: IIED,2011.

［17］ Cotula L, Vermeulen S. "Land Grabs" in Africa: Can the Deals Work for Development? ［R］. IIED Policy Briefing September, 2009.

［18］ Deininger K. Challenges Posed by the New Wave of Farmland Investment ［J］. The Journal of Peasant Studies, 2011, 38 (02).

［19］ Deininger K, Ali D A, Holden S, Zevenbergen J. Rural Land Certification in Ethiopia: Process, Initial Impact, and Implications for Other African Countries ［J］. World Development, 2008, 36 (10).

［20］ Deininger K, Byerlee D, Lindsay J, Norton A, Selod H. Stickler, M. Rising Global Interest in Farmland. Can it Yield Sustainable and Equitable Benefits? ［R］. Washington, DC: World Bank, 2011.

［21］ Elvin, Mark. The Pattern of the Chinese Past ［M］. Stanford: Stanford University Press, 1973.

［22］Fan S. Effects of Technological Change and Institutional Reform on Production Growth in Chinese Agriculture ［J］. American Journal of Agricultural Economics, 1991, 73 (02).

［23］Fenske J. Land Tenure and Investment Incentives: Evidence from West Africa ［J］. Journal of Development Economics, 2011, 95 (01).

［24］Field E. Entitled to Work: Urban Property Rights and Labor Supply in Peru ［J］. Quarterly Journal of Economics, 2007, 122 (04).

［25］Freeman D, Holslag J, Weil S. China's Foreign Farming Policy: Can Land Provide Security ［J］. BICCS Asia Paper, 2008, 3 (09).

［26］Glauben T, Tietje H, Weiss C R. Agriculture on the Move: Exploring Regional Differences in Farm Exit Rates ［J］. Fe Working Papers, 2003, 26 (01).

［27］Glauben, Thomas, Tietje, Hendrik and Weiss, Christoph. Intergenerational Succession on Family Farms: Evidence from Survey Data ［R］. Fe Working Papers, 2002.

［28］Green J K. Evaluating the Impact of Consolidation of Holdings, Individualization of Tenure, and Registration of Title: Lessons from Kenya ［J］. Klinische Monatsblätter Für Augenheilkunde, 1987 (02).

［29］Hansen B E. Threshold Effects in Non−Dynamic Panels: Estimation, Testing, and Inference ［J］. Journal of Econometrics, 1999 (93).

［30］Haugerud A. The Consequences of Land Tenure Reform among Smallholders in the Kenya Highlands ［J］. Rural Africana, 1983, 15 (16).

［31］Horne F. Understanding Land Investment Deals in Africa ［R］. Country report: Ethiopia. San Francisco, Oakland Institute, 2011.

［32］Huang J, Rozelle S. Technological Change: Rediscovering the Engine of Productivity Growth in China's Rural Economy ［J］. Journal of Development Economics, 1996, 49 (02).

［33］Jacoby H, Minten B. Land Titles, Investment, and Agricultural Productivity in Madagascar: A Poverty and Social Impact Analysis ［J］. World Bank Other Operational Studies, 2006.

[34] Johnson E J, Häubl G, Keinan A. Aspects of Endowment: A Query Theory of Value Construction [J]. Journal of Experimental Psychology: Learning, Memory, and Cognition, 2007, 33 (03).

[35] Jones, Geoffrey and Tarun Khanna. Bringing History (Back) into International Business [J]. Journal of International Business Studies, 2006, 37 (04).

[36] Kahneman D, Knetsch J L, Thaler R H. Experimental Tests of the Endowment Effect and the Coase Theorem [J]. Journal of Political Economy, 1990, 98 (06).

[37] Kenney-Lazar M. Land Concession, Land Tenure, and Livelihood Change: Plantation Development in Attapeu Province [R]. Southern Laos, 2010.

[38] Kimhi A, Nachlieli N. Intergenerational Succession on Israeli Family Farms [J]. Journal of Agricultural Economics, 2001, 52 (02).

[39] Kimhi Ayal Nachlieli, Noga. Intergenerational Succession in Israeli Family Farms, American Agricultural Economics Association, 1998 (2-5).

[40] Kung, James Kai-Sing: Off-Farm Labor Markets and the Emergence of Land Rental Markets in Rural China, Journal of Comparative Economics [J]. Journal of Comparative Economics, 2002, 30 (02).

[41] Lawry S, Samii C, Hall R, Leopold A, Hornby D, Mtero F. The Impact of Land Property Rights Interventions on Investment and Agricultural Productivity in Developing Countries: A Systematic Review [J]. Journal of Development Effectiveness, 2016, 9 (01).

[42] Leeson P F. The Lewis Model and Development Theory [J]. The Manchester School, 1979, 47 (03).

[43] Levien M. Rationalising Dispossession: The Land Acquisition and Resettlement Bills [J]. Economic and Political Weekly, 2011 (02).

[44] Lin, Justin Yifu. Rural Reforms and Agricultural Growth in China [J]. American Economic Review 1992, 82 (05).

[45] List J A. Does Market Experience Eliminate Market Anomalies? [J]. Quar-

terly Journal of Economics, 2003, 118 (01).

［46］List J A. Neoclassical Theory Versus Prospect Theory: Evidence from the Marketplace ［J］. Econometrica, 2004, 72 (02).

［47］Mao, Rui Yao, Yang. Structural Change in a Small Open Economy: An Application to South Korea ［J］. Pacific Economic Review, 2012, 17 (01).

［48］Masten, Scott E. Review of the Economic Institutions of Capitalism: A Review Article, by Riordan M H, Williamson O E. Asset Specificity and Economic Organization ［J］. International Journal of Industrial Organization, 1985, 3 (04).

［49］McChesney F S. Rent Extraction and Rent Creation in the Economic Theory of Regulation ［J］. The Journal of Legal Studies, 1987, 16 (01).

［50］McMillan J, Whalley J, Zhu L. The Impact of China's Economic Reforms on Agricultural Productivity Growth ［J］. Journal of Political Economy, 1989, 97 (04).

［51］Mekonnen A, Ghebru H, Holden S T, et al. The Impact of Land Certification on Tree Growing on Private Plots of Rural Households: Evidence from Ethiopia ［M］. London. Palgrave Macmillan, 2013.

［52］Migot-Adholla S, Hazell P, Blarel B, et al. Indigenous Land Rights Systems in Sub-Saharan Africa: A Constraint on Productivity? ［J］. The World Bank Economic Review, 1991, 5 (01).

［53］Mishra, El-Osta. Factors Affecting Succession Decisions in Family Farm Businesses: Evidence from a National Survey ［J］. Journal of the Asfmra, 2015 (01).

［54］Morewedge C K, Shu L L Gilbert D T, Wilson T D. Bad Riddance or Good Rubbish: Ownership and Not Loss Aversion Causes the Endowment Effect ［J］. Journal of Experimental Social Psychology, 2009, 45 (04).

［55］Morris, Ian. Why the West Rules—For Now: The Patterns of History, and What They Reveal About the Future, Farrar ［R］. Straus and Giroux, 2010.

［56］Muchomba F M. Women's Land Tenure Security and Household Human Capital: Evidence from Ethiopia's Land Certification ［J］. World Development,

2017, 98 (C).

[57] Munro J, Forbes. Africa and the International Economy 1800 – 1960 [M]. London: Dent, 1976.

[58] Nunow A A. The Dynamics of Land Deals in the Tana Delta, Kenya. Paper presented at the International Conference on Global Land Grabbing 6 – 8 April 2011 [R]. Institute of Development Studies, University of Sussex, 2011.

[59] FAO. The State of Food and Agriculture2014 [R]. Roma, FAO, 2014.

[60] Place F, Migot-Adholla S E. The Economic Effects of Land Registration on Smallholder Farms in Kenya: Evidence from Nyeri and Kakamega Districts [J]. Land Economics, 1998, 74 (03).

[61] Popkin Samuel L. The Rational Peasant [M]. California: University of California Press, 1979.

[62] Rama R, Wilkinson J. Foreign Direct Investment and Agri – food Value – chains in Developing Countries: A Review of the Main Issues [J]. Commodity Markets Review, 2008 (02).

[63] Riskin C. China's Political Economy: The Quest for Development since 1949 [M]. New York and Oxford: Oxford University Press, 1987.

[64] Roodman, David, CMP: Stata Module to Implement Conditional (Recursive) Mixed Process Estimator [R]. 2009.

[65] Sen A K. An Aspect of Indian Agriculture [J]. Economic Weekly, 1962 (14).

[66] Sen A K. Peasants and Dualism with or without Surplus Labor [J]. Journal of Political Economy, 1966, 74 (05).

[67] Shete M. Implications of Land Deals to Livelihood Security and Natural Resource Management in Benshanguel Gumuz Regional State [J]. Ethiopia Global Land Grabbing, 2011 (04).

[68] Smith A. The Wealth of Nations [M]. London: Seligmm, 1937.

[69] Striffler, Steve and Mark Moberg (eds.). Banana Wars: Power, Production and History in the Americas. Durham [M]. NC: Duke University Press, 2003.

［70］Suret-Canale, Jean. French Colonialism in Tropical Africa ［M］. London： Hurst, 1964.

［71］Thaler R H. Toward a Positive Theory of Consumer Choice ［J］. Journal of Economic Behavior and organization, 1980, 1 （01）.

［72］Tsakok I, Gardner B. Agriculture in Economic Development： Primary Engine of Growth or Chicken and Egg? ［J］. American Journal of Agricultural Economics, 2007, 89 （05）.

［73］Twomey M J. A Century of Foreign Investment in the Third World ［M］. London： Routledge, 2000.

［74］Visser O, Spoor M. Land Grabbing in Post-Soviet Eurasia： The World's Largest Agricultural Land Reserves at Stake ［J］. The Journal of Peasant Studies, 2011, 38 （02）.

［75］Wilkins, Mira. The History of the Multinational Enterprise, in Alan M. Rugman （ed.）, The Oxford Handbook of International Business ［M］. Oxford： Oxford University Press, 2008.

［76］Wily L A. Whose Land Are You Giving Away, Mr. President ［C］// Proc. of the Annual World Bank Land Policy & Administration Conference, Washington DC., 2010.

［77］Xu Z. The Political Economy of Agrarian Changes in the Peoples Republic of China. Dissertation ［J］. University of Massachusetts, Amherst, 2012 （02）.

［78］Yao Y. The Development of the Land Lease Market in rural China ［J］. Land Economics, 2000, 76 （02）.

［79］Zhang L P, Zhang Y L, Yan J Z, et al. Livelihood Diversification and Cropland Use Pattern in Agro-pastoral Mountainous Region of Eastern Tibetan Plateau ［J］. Journal of Geographical Sciences, 2008, 18 （04）.

［80］安德鲁·林克雷特. 世界土地所有制变迁史 ［M］. 启蒙编译所, 译. 上海：上海社会科学出版社, 2016.

［81］蔡昉, 都阳. 经济转型过程中的劳动力流动——长期性、效应和政策 ［J］. 学术研究, 2004 （06）.

［82］蔡弘，黄鹂．谁来种地？——对农业劳动力性别结构变动的调查与思考［J］．西北农林科技大学学报（社会科学版），2017，17（02）．

［83］陈超，沈荣海，展进涛．农户兼业视角下的水稻生产行为及效率研究——以苏北地区水稻种植户为例［J］．江苏农业科学，2014，42（05）．

［84］陈敏丽，汪徐．劳动力老龄化对农业现代化的影响——以河南省为例［J］．山西农业科学，2017，45（01）．

［85］陈锡文，陈昱阳，张建军．中国农村人口老龄化对农业产出影响的量化研究［J］．中国人口科学，2011（02）．

［86］成德宁，杨敏．农业劳动力结构转变对粮食生产效率的影响［J］．西北农林科技大学学报（社会科学版），2015，15（04）．

［87］程令国，张晔，刘志彪．农地确权促进了中国农村土地的流转吗？［J］．管理世界，2016（01）．

［88］邓衡山，王文烂．合作社的本质规定与现实检视——中国到底有没有真正的农民合作社？［J］．中国农村经济，2014（07）．

［89］邓衡山，徐志刚，应瑞瑶，廖小静．真正的农民专业合作社为何在中国难寻？——一个框架性解释与经验事实［J］．中国农村观察，2016（04）．

［90］丁德章．构建农业家庭承包经营的外部环境［J］．经济评论，1999（03）．

［91］丁玲，钟涨宝．农村土地承包经营权确权对土地流转的影响研究——来自湖北省土地确权的实证［J］．农业现代化研究，2017，38（03）．

［92］杜鹰．现阶段中国农村劳动力流动的群体特征与宏观背景分析［J］．中国农村经济，1997（06）．

［93］范厚新．增强农民投资意识的思考［J］．中南财经大学学报，1989（06）．

［94］方承．农民投资行为不合理的主要表现、原因及对策［J］．改革与战略，1988（01）．

［95］冯小．农民专业合作社制度异化的乡土逻辑——以"合作社包装下乡资本"为例［J］．中国农村观察，2014（02）．

［96］付江涛，纪月清，胡浩．新一轮承包地确权登记颁证是否促进了农户的土地流转——来自江苏省3县（市、区）的经验证据［J］．南京农业大学学报（社会科学版），2016，16（01）．

［97］傅晨，毛益勇．兼业化：日本农业的困境与启示［J］．世界农业，1998（08）．

［98］盖庆恩，朱喜，史清华．劳动力转移对中国农业生产的影响［J］．经济学（季刊），2014，13（03）．

［99］高帆．过渡小农：中国农户的经济性质及其政策含义［J］．学术研究，2008（08）．

［100］高欣，张安录．农地流转、农户兼业程度与生产效率的关系［J］．中国人口·资源与环境，2017，27（05）．

［101］谷小勇，张小明．欧洲农民培训与证书制度推介［J］．河南职业技术师范学院学报（职业教育版），2004（06）．

［102］顾天竹，纪月清，钟甫宁．中国农业生产的地块规模经济及其来源分析［J］．中国农村经济，2017（02）．

［103］郭富清．全面激活农村经济培育新型经营主体［J］．农村工作通讯，2004（04）．

［104］郭熙保．"三化"同步与家庭农场为主体的农业规模化经营［J］．社会科学研究，2013（03）．

［105］翰·梅纳德·凯恩斯．就业、利息和货币通论［M］．北京：商务印书馆，1983.

［106］何福平．农村劳动力老龄化对我国粮食安全的影响［J］．求索，2010（11）．

［107］何可，张俊飚，丰军辉．自我雇佣型农村妇女的农业技术需求意愿及其影响因素分析——以农业废弃物基质产业技术为例［J］．中国农村观察，2014（04）．

［108］何小勤．农业劳动力老龄化研究——基于浙江省农村的调查［J］．人口与经济，2013（02）．

［109］何秀荣．公司农场：中国农业微观组织的未来选择？［J］．中国农村经济，2009（11）．

［110］贺雪峰，印子．"小农经济"与农业现代化的路径选择——兼评农业现代化激进主义［J］．政治经济学评论，2015，6（02）．

［111］贺雪峰．应对老龄社会的家庭农业［J］．人文杂志，2017（10）．

［112］贺振华．农户兼业及其对农村土地流转的影响——一个分析框架［J］．上海财经大学学报，2006（02）．

［113］胡新艳，罗必良．新一轮农地确权与促进流转：粤赣证据［J］．改革，2016（04）．

［114］胡雪枝，钟甫宁．农村人口老龄化对粮食生产的影响——基于农村固定观察点数据的分析［J］．中国农村经济，2012（07）．

［115］黄宝连，黄祖辉，顾益康，王丽娟．产权视角下中国当前农村土地制度创新的路径研究——以成都为例［J］．经济学家，2012（03）．

［116］黄季焜，胡瑞法．完善农业科研改革　促进农业科技创新［J］．农村工作通讯，2008（13）．

［117］黄建伟，刘文可，陈美球．农地流转：演进逻辑、现实困境及破解路径——基于文献分析［J］．农林经济管理学报，2016，15（04）．

［118］黄敏英，崔贞弼．韩国农业后备劳动力的培养和政策［J］．世界农业，2000（01）．

［119］黄少安，赵建．土地产权、土地金融与农村经济增长［J］．江海学刊，2010（06）．

［120］黄延廷．农户兼业化对农地规模经营的制约机理分析［J］．农村经济，2012（01）．

［121］黄炎忠，罗小锋，李兆亮．我国农业绿色生产水平的时空差异及影响因素［J］．中国农业大学学报，2017，22（09）．

［122］黄云鹏．农业经营体制和专业化分工——兼论家庭经营与规模经济之争［J］．农业经济问题，2003（06）．

［123］黄宗智．"家庭农场"是中国农业的发展出路吗？［J］．开放时代，2014（02）．

［124］黄宗智．长江三角洲的小农家庭与乡村发展［M］．北京：中华书局，1992.

［125］黄祖辉，邵科．合作社的本质规定性及其漂移［J］．浙江大学学报（人文社会科学版），2009，39（04）．

［126］黄祖辉，王建英，陈志钢．非农就业、土地流转与土地细碎化对稻农技术效率的影响［J］．中国农村经济，2014（11）．

［127］纪志耿．中国粮食安全问题反思——农村劳动力老龄化与粮食持续增产的悖论［J］．厦门大学学报（哲学社会科学版），2013（02）．

［128］贾瑞稳，胡静．实施农业信息化，摆脱小农经济［J］．商品与质量，2011（S5）．

［129］姜长云，张立冬．美国公司农场的发展及启示［J］．世界农业，2014（04）．

［130］姜长云．转型发展：中国"三农"新主题［M］．合肥：安徽人民出版社，2011．

［131］卡尔·考茨基．土地问题［M］．梁林，译．上海：三联书店，1955．

［132］孔德帅，胡振通，靳乐山．牧民草原畜牧业经营代际传递意愿及其影响因素分析——基于内蒙古自治区 34 个嘎查的调查［J］．中国农村观察，2016（01）．

［133］孔祥智，方松海，庞晓鹏，马九杰．西部地区农户禀赋对农业技术采纳的影响分析［J］．经济研究，2004（12）．

［134］孔祥智，穆娜娜．实现小农户与现代农业发展的有机衔接［J］．农村经济，2018（02）．

［135］匡远配，陈梅美．农村人口老龄化对农业全要素生产率影响的实证分析［J］．燕山大学学报（哲学社会科学版），2015，16（01）．

［136］雷明全，孙小丽．老龄化背景下我国"三农"问题核心的转变［J］．开发研究，2012（06）．

［137］李秉龙，薛兴利．农业经济学［M］．北京：中国农业大学出版社，2021．

［138］李谷成，冯中朝，占绍文．家庭禀赋对农户家庭经营技术效率的影响冲击——基于湖北省农户的随机前沿生产函数实证［J］．统计研究，2008（01）．

［139］李谷成，梁玲，尹朝静，冯中朝．劳动力转移损害了油菜生产吗？——基于要素产出弹性和替代弹性的实证［J］．华中农业大学学报（社会科学版），2015（01）．

［140］李昊，李世平，南灵．中国农户土地流转意愿影响因素——基于29篇文献的 Meta 分析［J］．农业技术经济，2017（07）．

［141］李俊鹏，冯中朝，吴清华．粮食生产技术效率增长路径识别：直接影响与溢出效应［J］．华中农业大学学报（社会科学版），2018（01）．

［142］李澜，李阳．我国农业劳动力老龄化问题研究——基于全国第二次农业普查数据的分析［J］．农业经济问题，2009，30（06）．

［143］李旻，赵连阁．农业劳动力"老龄化"现象及其对农业生产的影响——基于辽宁省的实证分析［J］．农业经济问题，2009，30（10）．

［144］李庆，林光华，何军．农民兼业化与农业生产要素投入的相关性研究——基于农村固定观察点农户数据的分析［J］．南京农业大学学报（社会科学版），2013，13（03）．

［145］李然，冯中朝．环境效应和随机误差的农户家庭经营技术效率分析——基于三阶段 DEA 模型和我国农户的微观数据［J］．财经研究，2009，35（09）．

［146］李术君，李韬．人口老龄化对我国农村劳动力劳动生产率的影响［J］．科学决策，2008（10）．

［147］李文治，江太新．清代漕运［M］．北京：中华书局，2005.

［148］李约瑟，刘祖慰．在第六届国际中国科学史会议上的开幕词（一九九〇年八月二日，英国伦敦）［J］．中国科技史料，1990（04）．

［149］李宗才．农村劳动力老龄化研究及对策［J］．科学社会主义，2007（06）．

［150］廖洪乐．农村承包地调整［J］．中国农村观察，2003（01）．

［151］廖洪乐．农户兼业及其对农地承包经营权流转的影响［J］．管理世界，2012（05）．

［152］廖西元，王磊，王志刚，阮刘青，胡慧英，方福平，陈庆根．稻农采用节水技术影响因素的实证分析——自然因素和经济因素效应及其交互影响的估测［J］．中国农村经济，2006（12）．

［153］林本喜，邓衡山．农业劳动力老龄化对土地利用效率影响的实证分析——基于浙江省农村固定观察点数据［J］．中国农村经济，2012（04）．

［154］林毅夫．中国农业在要素市场交换受到禁止下的技术选择：制度、技

术与中国农业发展 [M]．上海：上海人民出版社，1994．

[155] 刘芬华．究竟是什么因素阻碍了中国农地流转——基于农地控制权偏好的制度解析及政策含义 [J]．经济社会体制比较，2011（02）．

[156] 刘风．我国人口老龄化趋势及其对策 [J]．计划经济研究，1990（08）．

[157] 刘国华，李永辉．论战后日本农户的兼业现象及对中国农业现代化的启示 [J]．农业现代化研究，2010，31（01）．

[158] 刘景景，孙赫．老龄化是否影响我国农业生产？——基于三大粮食品种的观察 [J]．西北人口，2017，38（01）．

[159] 刘婧，王征兵，张洁．家庭农场的个体差异、要素投入与规模经济研究——基于山西省 109 家果蔬类家庭农场的实证分析 [J]．西部论坛，2017，27（03）．

[160] 刘婧，王征兵．农民专业合作社规模经济和范围经济的实证研究——基于山西省合作社调查数据 [J]．经济经纬，2012（04）．

[161] 刘克春，林坚．农地承包经营权市场流转与行政性调整：理论与实证分析——基于农户层面和江西省实证研究 [J]．数量经济技术经济研究，2005（11）．

[162] 刘老石．真假合作社：是合作社的真假还是我们评价标准的真假？ [J]．湖湘三农论坛，2010（00）．

[163] 刘梦琴．农户兼业、农地流转与规模经营的实证分析——基于广东省第二次全国农业普查数据的分析 [J]．广东经济，2011（03）．

[164] 刘乃安，任杰．构建我国新型农村土地家庭经营体制与实现形式 [J]．当代经济研究，2017（08）．

[165] 刘爽，牛增辉，孙正．家庭农场经营体制下的"适度规模"经营问题 [J]．农业经济，2014（01）．

[166] 刘同山，孔祥智，张云华．兼业程度、地权期待与农户的土地退出意愿 [J]．经济与管理研究，2013（10）．

[167] 刘同山．农民合作社的幸福效应：基于 ESR 模型的计量分析 [J]．中国农村观察，2017（04）．

[168] 卢秋萍．我国农村人口老龄化对农业经济的影响研究 [J]．改革与

战略，2016，32（05）.

［169］卢现祥. 论制度变迁中的制度供给过剩问题［J］. 经济问题，2000（10）.

［170］陆文聪，吴连翠. 兼业农民的非农就业行为及其性别差异［J］. 中国农村经济，2011（06）.

［171］罗必良，李玉勤. 农业经营制度：制度底线、性质辨识与创新空间——基于"农村家庭经营制度研讨会"的思考［J］. 农业经济问题，2014，35（01）.

［172］罗必良，凌莎，钟文晶. 制度的有效性评价：理论框架与实证检验——以家庭承包经营制度为例［J］. 江海学刊，2014（05）.

［173］罗必良. 农地流转的市场逻辑——"产权强度—禀赋效应—交易装置"的分析线索及案例研究［J］. 南方经济，2014（05）.

［174］罗必良. 农地确权、交易含义与农业经营方式转型——科斯定理拓展与案例研究［J］. 中国农村经济，2016（11）.

［175］吕挺，纪月清，易中懿. 水稻生产中的地块规模经济——基于江苏常州金坛的调研分析［J］. 农业技术经济，2014（02）.

［176］马瑞，柳海燕，徐志刚. 农地流转滞缓：经济激励不足还是外部市场条件约束？——对4省600户农户2005~2008年期间农地转入行为的分析［J］. 中国农村经济，2011（11）.

［177］马忠东，张为民，梁在，崔红艳. 劳动力流动：中国农村收入增长的新因素［J］. 人口研究，2004（03）.

［178］麦迪逊，尹宣. 辩论 美国制宪会议记录（上/下）［J］. 社会观察，2003（01）：46.

［179］毛学峰，刘靖. 农地"女性化"还是"老龄化"？——来自微观数据的证据［J］. 人口研究，2009，33（02）.

［180］聂正彦，杨角. 农业劳动力"老龄化"对农业生产的影响——基于甘肃省的实证研究［J］. 晋阳学刊，2013（02）.

［181］宁泽逵，宁攸凉. 区位、非农就业对中国家庭农业代际传承的影响——基于陕西留守农民的调查［J］. 财贸研究，2016，27（02）.

［182］欧阳金琼，王雅鹏. 农户兼业会影响粮食生产吗？——基于江汉平原

粮食主产区 360 户粮农的调查［J］．中南财经政法大学学报，2014（04）．

［183］潘劲．民国时期农村合作社的发展与评价［J］．中国农村观察，2002（02）．

［184］潘劲．中国农民专业合作社：数据背后的解读［J］．中国农村观察，2011（06）．

［185］潘伟光，徐晖，郑靖吉．韩国农业现代化进程中农业经营主体的发展及启示［J］．世界农业，2013（09）．

［186］彭代彦，文乐．农村劳动力结构变化与粮食生产的技术效率［J］．华南农业大学学报（社会科学版），2015，14（01）．

［187］彭代彦，吴翔．中国农业技术效率与全要素生产率研究——基于农村劳动力结构变化的视角［J］．经济学家，2013（09）．

［188］彭柳林，吴昌南，张云，张志芳，王勇．粮食生产效率：农业生产性服务对农业劳动力老龄化具有调节效应吗？——基于江西省粮食主产县 500 农户的调查［J］．中国农业资源与区划，2018，39（04）．

［189］钱龙，洪名勇．非农就业、土地流转与农业生产效率变化——基于CFPS 的实证分析［J］．中国农村经济，2016（12）．

［190］钱文荣，郑黎义．劳动力外出务工对农户水稻生产的影响［J］．中国人口科学，2010（05）．

［191］钱文荣．农地市场化流转中的政府功能探析——基于浙江省海宁、奉化两市农户行为的实证研究［J］．浙江大学学报（人文社会科学版），2003（05）．

［192］钱忠好．非农就业是否必然导致农地流转——基于家庭内部分工的理论分析及其对中国农户兼业化的解释［J］．中国农村经济，2008（10）．

［193］钱忠好．农村土地承包经营权产权残缺与市场流转困境：理论与政策分析［J］．管理世界，2002（06）．

［194］秦晖，金雁．田园诗与狂想曲［M］．北京：中央编译出版社，1996.

［195］秦立建，张妮妮，蒋中一．土地细碎化、劳动力转移与中国农户粮食生产——基于安徽省的调查［J］．农业技术经济，2011（11）．

［196］秦愚．中国实用主义合作社理论是创新还是臆想［J］．农业经济问

题，2017，38（07）.

［197］任天驰，康丕菊，彭志远，褚力其．欠发达地区农户兼业对其土地转出行为的影响——基于云南省 558 户农户的调查［J］．中国农业大学学报，2018，23（07）.

［198］商春荣，王冰．农村集体土地产权制度与土地流转［J］．华南农业大学学报（社会科学版），2004（02）.

［199］宋军，胡瑞法，黄季．农民的农业技术选择行为分析［J］．农业技术经济，1998（06）.

［200］宋士云，胡洪曙．家庭承包经营体制下的农地产权分析［J］．农业经济问题，2005（02）.

［201］苏岚岚，何学松，孔荣．金融知识对农民农地流转行为的影响——基于农地确权颁证调节效应的分析［J］．中国农村经济，2018（08）.

［202］孙慧阳．农村留守家庭人口结构变化对农业生产的影响［J］．湖南社会科学，2008（02）.

［203］孙圣民，陈强．家庭联产承包责任制与中国农业增长的再考察——来自面板工具变量法的证据［J］．经济学（季刊），2017，16（02）

［204］田传浩，贾生华．农地制度、地权稳定性与农地使用权市场发育：理论与来自苏浙鲁的经验［J］．经济研究，2004（01）.

［205］田传浩，汪序梅．土地改革前浙江省的地权分配［J］．中国土地科学，2021，35（05）.

［206］万志英．剑桥中国史：古代到 19 世纪［M］．崔传刚，译．北京：中国人民大学出版社，2018.

［207］汪三贵，刘晓展．信息不完备条件下贫困农民接受新技术行为分析［J］．农业经济问题，1996（12）.

［208］王剑锋，邓宏图．家庭联产承包责任制：绩效、影响与变迁机制辨析［J］．探索与争鸣，2014（01）.

［209］王静，霍学喜．交易成本对农户要素稀缺诱致性技术选择行为影响分析——基于全国七个苹果主产省的调查数据［J］．中国农村经济，2014（02）.

［210］王伟．中国人口老龄化的发展趋势及对策——以甘肃老龄化现状为分

析起点［J］．甘肃理论学刊，1993（02）．

　　［211］王玄文，胡瑞法．农民对农业技术推广组织有偿服务需求分析——以棉花生产为例［J］．中国农村经济，2003（04）．

　　［212］温锐，范博．近百年来小农户经济理论与实践探索的共识与前沿——"小农·农户与中国现代化"学术研讨简论［J］．中国农村经济，2013（10）．

　　［213］吴雪莲，张俊飚，何可，张露．农户水稻秸秆还田技术采纳意愿及其驱动路径分析［J］．资源科学，2016，38（11）．

　　［214］西奥多·W. 舒尔茨．改造传统农业［M］．北京：商务印书馆，1999.

　　［215］席利卿，彭可茂，彭开丽．中国务农人口老龄化对粮食增产的影响分析［J］．北京社会科学，2014（05）．

　　［216］夏益国，宫春生．粮食安全视阈下农业适度规模经营与新型职业农民——耦合机制、国际经验与启示［J］．农业经济问题，2015，36（05）．

　　［217］向国成，韩绍凤．农户兼业化：基于分工视角的分析［J］．中国农村经济，2005（08）．

　　［218］向云，祁春节，胡晓雨．老龄化、兼业化、女性化对家庭生产要素投入的影响——基于全国农村固定观察点数据的实证分析［J］．统计与信息论坛，2018，33（04）．

　　［219］肖娥芳．"谁来种地？"——对"农民荒"典型案例的剖析［J］．农业经济，2013（01）．

　　［220］熊万胜．合作社：作为制度化进程的意外后果［J］．社会学研究，2009，24（05）．

　　［221］胥璐，李宏伟，屈锡华．人口老龄化对农业发展的影响与对策［J］．宏观经济管理，2013（01）．

　　［222］徐美银．农民阶层分化、产权偏好差异与土地流转意愿——基于江苏省泰州市387户农户的实证分析［J］．社会科学，2013（01）．

　　［223］徐娜，张莉琴．劳动力老龄化对我国农业生产效率的影响［J］．中国农业大学学报，2014，19（04）．

　　［224］徐旭初，吴彬．《农民专业合作社法》的规范化效应检视［J］．东

岳论丛，2017，38（01）．

［225］徐旭初，吴彬．异化抑或创新？——对中国农民合作社特殊性的理论思考［J］．中国农村经济，2017（12）．

［226］徐旭初．谈谈合作社的真假：合作化、产业化和社会化［J］．中国农民合作社，2015（12）．

［227］徐旭初．谈谈组织化小农［J］．中国农民合作社，2018（11）．

［228］徐勇，邓大才．满铁农村调查：总第 1 卷，惯行类：第 1 卷［M］．李俄宪，译．北京：中国社会科学出版社，2016．

［229］徐勇，邓大才．社会化小农：解释当今农户的一种视角［J］．学术月刊，2006（07）．

［230］许恒周，郭忠兴．农村土地流转影响因素的理论与实证研究——基于农民阶层分化与产权偏好的视角［J］．中国人口·资源与环境，2011（03）．

［231］许恒周，石淑芹．农民分化对农户农地流转意愿的影响研究［J］．中国人口·资源与环境，2012，22（09）．

［232］许经勇，张志杰．家庭承包经营与发展现代农业［J］．经济评论，2001（01）．

［233］许庆，刘进，钱有飞．劳动力流动、农地确权与农地流转［J］．农业技术经济，2017（05）．

［234］许庆，尹荣梁，章辉．规模经济、规模报酬与农业适度规模经营——基于我国粮食生产的实证研究［J］．经济研究，2011，46（03）．

［235］严海蓉，陈义媛．中国农业资本化的特征和方向：自下而上和自上而下的资本化动力［J］．开放时代，2015（05）．

［236］严中平．中国近代经济史统计资料选辑［M］．北京：科学出版社，1955．

［237］杨俊，杨钢桥，胡贤辉．农业劳动力年龄对农户耕地利用效率的影响——来自不同经济发展水平地区的实证［J］．资源科学，2011，33（09）．

［238］杨瑞龙．我国制度变迁方式转换的三阶段论———兼论地方政府的制度创新行为［J］．经济研究，1998（01）．

［239］杨莘．小农经济不可能是中国农村的方向［J］．中国老区建设，

2012（09）．

［240］杨卫忠．农村土地经营权流转中的农户羊群行为——来自浙江省嘉兴市农户的调查数据［J］．中国农村经济，2015（02）．

［241］杨长福，张黎．我国农业人口老龄化对现代农业的影响及对策［J］．农业现代化研究，2013，34（05）．

［242］杨志海，麦尔旦·吐尔孙，王雅鹏．农村劳动力老龄化对农业技术效率的影响——基于CHARLS2011的实证分析［J］．软科学，2014，28（10）．

［243］姚洋．小农经济完全过时了吗？［J］．中国生态文明，2017（01）．

［244］姚洋．中国农地制度：一个分析框架［J］．中国社会科学，2000（02）．

［245］姚洋．重新认识小农经济［J］．中国合作经济，2017（08）．

［246］殷治琼．小农户与现代农业发展有机衔接问题研究——基于舒尔茨"理性小农"思想下的家庭农场与乡村振兴［J］．现代商贸工业，2018，39（32）．

［247］苑鹏．中国农村市场化进程中的农民合作组织研究［J］．中国社会科学，2001（06）．

［248］翟文华，周志太．农业资本化替代小农经济势在必然［J］．现代经济探讨，2014（10）．

［249］张贵先，胡宝娣．城乡差距、农民非农就业与农民增收——基于中国的理论分析与实证检验［J］．财经问题研究，2006（01）．

［250］张国平．制度变迁：从家庭承包经营到合作社［J］．江苏社会科学，2009（06）．

［251］张俊良．农村人口老龄化问题及对策分析［J］．人口学刊，1992（05）．

［252］张瑞娟，高鸣．优化新型农业经营主体种粮环境［N］．经济日报，2018a-11-07（015）．

［253］张瑞娟，高鸣．新技术采纳行为与技术效率差异——基于小农户与种粮大户的比较［J］．中国农村经济，2018b（05）．

［254］张五常．佃农理论［M］．香港：花千树出版有限公司，2000.

［255］张晓山．促进以农产品生产专业户为主体的合作社的发展——以浙江省农民专业合作社的发展为例［J］．中国农村经济，2004（11）．

［256］张孝德，张文明．农业现代化的反思与中国小农经济生命力［J］．

福建农林大学学报（哲学社会科学版），2016，19（03）.

［257］张颖，任大鹏．论农民专业合作社的规范化——从合作社的真伪之辩谈起［J］．农业经济问题，2010，31（04）.

［258］张玉龙．对农业家庭承包经营与适度规模经营的探讨［J］．农业科技与信息，2018（20）.

［259］张忠明，钱文荣．不同兼业程度下的农户土地流转意愿研究——基于浙江的调查与实证［J］．农业经济问题，2014，35（03）.

［260］赵春雨．贫困地区土地流转与扶贫中集体经济组织发展——山西省余化乡扶贫实践探索［J］．农业经济问题，2017，38（08）.

［261］赵光，李放．非农就业、社会保障与农户土地转出——基于30镇49村476个农民的实证分析［J］．中国人口·资源与环境，2012，22（10）.

［262］赵树凯．"大包干"政策过程：从"一刀切"到"切三刀"［J］．华中师范大学学报（人文社会科学版），2018a，57（02）.

［263］赵树凯．家庭承包制政策过程再探讨［J］．中国发展观察，2018b（16）.

［264］赵维清．日本认定农业者制度及其对我国的启示［J］．现代日本经济，2012（02）.

［265］郑祥江，杨锦秀．农业劳动力转移对农业生产的影响研究［J］．华南农业大学学报（社会科学版），2015，14（02）.

［266］钟甫宁，纪月清．土地产权、非农就业机会与农户农业生产投资［J］．经济研究，2009，44（12）.

［267］钟文晶，罗必良．禀赋效应、产权强度与农地流转抑制——基于广东省的实证分析［J］．农业经济问题，2013，34（03）.

［268］周宏，王全忠，张倩．农村劳动力老龄化与水稻生产效率缺失——基于社会化服务的视角［J］．中国人口科学，2014（03）.

［269］周娟．韩国农业危机及其启示［J］．农业经济问题，2015，36（03）.

［270］周来友，仇童伟，周冬，石晓平，马贤磊．丘陵山区劳动力老龄化对土地利用效率的影响——基于直接效应和间接效应的识别［J］．中国土地科学，2015，29（10）.

［271］周利平，翁贞林．"新农保"对农业经营代际传承的影响研究 ［J］．广东财经大学学报，2017，32（05）．

［272］周其仁．农村变革与中国发展（1978—1989）：下卷 ［M］．香港：牛津大学出版社，1994.

［273］周应恒，胡凌啸，严斌剑．农业经营主体和经营规模演化的国际经验分析 ［J］．中国农村经济，2015（09）．

［274］朱红根，翁贞林，陈昭玖，张月水．农户稻作经营代际传递意愿及其影响因素实证分析——基于江西 619 个种粮大户调查数据 ［J］．中国农村经济，2010（02）．

［275］朱农．论农村非农业活动对收入分布的作用 ［J］．世界经济文汇，2002（02）．

［276］朱启臻，杨汇泉．谁在种地——对农业劳动力的调查与思考 ［J］．中国农业大学学报（社会科学版），2011，28（01）．

［277］庄晋财，卢文秀，李丹．前景理论视角下兼业农户的土地流转行为决策研究 ［J］．华中农业大学学报（社会科学版），2018（02）．

［278］邹晓娟，贺媚．农村留守老人农业生产现状分析——基于江西调查数据 ［J］．华中农业大学学报（社会科学版），2011（06）．

［279］左喆瑜．华北地下水超采区农户对现代节水灌溉技术的支付意愿——基于对山东省德州市宁津县的条件价值调查 ［J］．农业技术经济，2016（06）．